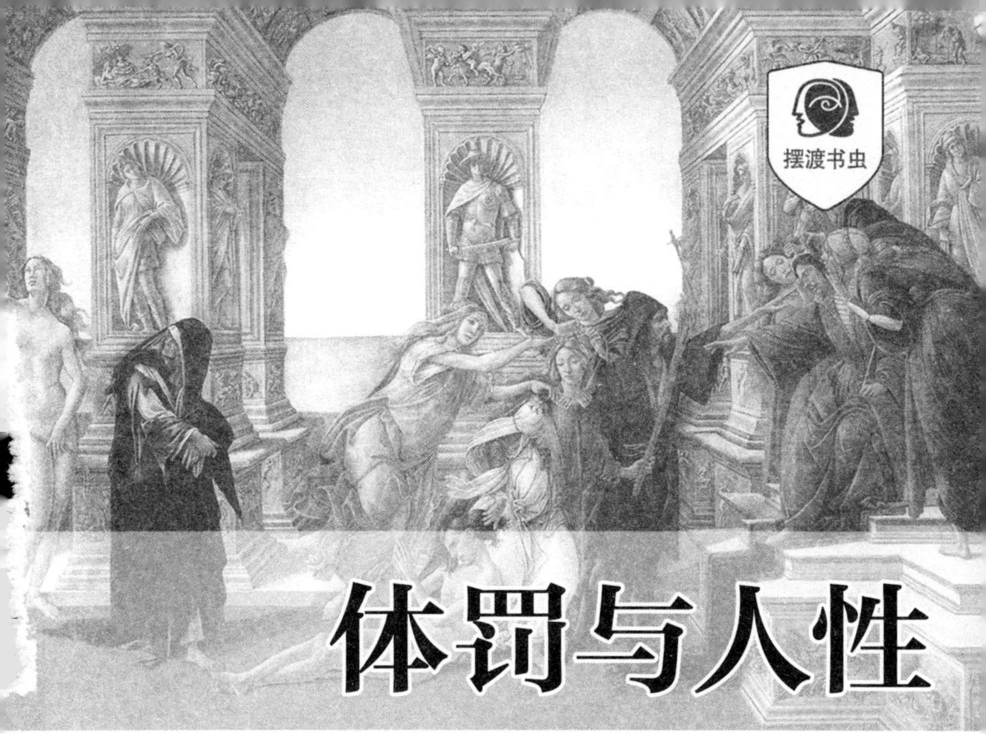

体罚与人性

History of CORPORAL PUNISHMENT

〔英〕乔治·莱利·斯科特（George Ryley Scott） 著
秦传安 译

中央编译出版社
Central Compilation & Translation Press

自从天地开辟以来,世界上一直存在两种哲学:一种是鞭打者的哲学,他们总是因为这样那样理由而渴望给某人一顿鞭子;而另一种则是被鞭打者的哲学。咱们俄国的所有哲学,都是被鞭打者的哲学。可是,从拜伦笔下的曼弗雷德,直到尼采,西方哲学却一直在饱受这样一个麻烦问题的折磨:我到底该给谁一顿鞭子?

V.罗扎诺夫

作者序

最近,内政部任命了一个特别委员会,以全面考量我国司法实践中使用桦条和九尾鞭的问题,此事引起了媒体和公众对古往今来体罚的关注。尽管在某些人看来,竟然一直存在一种如此野蛮而残忍的方法,以对付青少年当中的犯罪倾向,这着实令人诧异和震惊;但另一方面,也有很多人主张,桦条和九尾鞭的使用可以扩大和增加,这样做对社会大有好处。

在任何一场关于体罚的利弊之争中,就争论者对某些过错或犯罪——对于这些罪错,人们认为棍棒是一种恰当的惩罚——的个人反应而言,真正的争议点常常被混淆、被扭曲、被忽视。愤怒或憎恨常常演变为狂热,这些情绪所占的分量超过了其他一切因素。人们总是渴望惩罚那些犯下招人憎恨的罪行的人,这种渴望的加剧或发展,导致人们希望致残或折磨犯罪的人。

对于体罚及其所有隐含意义这个主题,任何真正的或忠实的研究都不能忽略其历史的、宗教的和人类学的方方面面。对于一度在英国及其他国家流行的各种鞭笞,认识它们的因果,将大大有助于我们充分理解体罚与现代文明的关系。事实上,我会走得更远,我认为:如果不透彻地考察这一历史背景及其社会学和人

类学的基础,任何这样的理解都是不可能的。

直到如今,就"鞭笞"这个词的任何完整意义而言,还从来都没有人写过鞭笞的故事。对我来说——我毫不怀疑对其他人也是一样——这是一件颇让人惊讶的事。因为,这个故事令人吃惊地、几乎是难以置信地混合了残忍、色情、迷信、性和迫害,呈现了一幅格外有趣的全景画。一个人或许会对跟鞭笞习俗相关联的残忍和淫秽感到恐惧,但下面这个事实更会让他感到惊讶:在基督教时代至少1800年的时间里,这种习俗在整个文明世界里一直普遍盛行,被人们所容忍,甚或受到赞许。

诚然,有很多著作论述过鞭笞。少数书尽管从历史学的观点来看很不错,但并没能对这一现象的社会学和色情方面给予任何足够的考察,没能把它的人类学含义与病理学含义联系起来,这主要是因为下面这个事实:它们都是几十年前写成的,当时,心理学还处在幼年期。而另一些书则是笨拙的、零碎的或肤浅的。在大多数情况下,作者千方百计地努力避免冒犯清教徒、爱国者和神话爱好者们(他们常常把神话误作历史)那敏感的神经,避免引起他们道德上的不安。结果,这些书常常只不过是奇闻轶事集,谈论的是鞭打顽皮少年或宗教狂热分子的实例。此外,还有一些书则干脆是色情性质的,兜售色情图书的商人以高得可笑的价格叫卖这些书籍。

因此,总的说来,在任何广泛或全面的——相对于纯历史的——意义上对这一课题做出贡献的作品,并不是那些专门探讨鞭笞本身的出版物,而应该到论述性心理学、病理学和精神分析学的一般性作品中去找，比如哈维洛克·艾利斯、弗洛伊德、费里、克拉夫特-埃宾等人的著作。而这些专著对一般公众来说，要么是无缘得见，要么是满纸黑话，对那些不熟悉法医学和心理学文献所用专业术语的读者来说，此类著作云遮雾罩，晦涩难懂。

只有把心理学方面与宗教方面及所谓的惩罚方面联系起来，我们才能认识和分析鞭笞作为一种社会现象的真正而全面的意义。诺瓦利斯说："令人惊讶的是，古往今来，欲望、虔诚和残忍的结合，并没有导致人类更多地关注它们关系的私密性，以及它们的共同目标。"

作为社会学现象，虐待和拷打在不断改变。令人吃惊而又千真万确的是：二者都不是静态的。在一代人当中得到一致赞成的习惯做法，在下一代人当中可能被认为是最应该受到谴责的虐待形式。此外，得到法律认可的惩罚，无论它的确切形式是什么，在执行这种惩罚的国家很少被认为是残忍的。曾几何时，杀婴案中所采用的惩罚形式，就是迫使对这一罪行负有责任的父母与孩子的尸体一起生活几个昼夜，并且要把尸体紧贴着他或她的脖子。这种办法搁在今天将会被指责为向野蛮倒退，并会遭到告发。然而，我认识一些深受尊敬的人（有男有女），他们在用一个卡子杀死一只家禽时采用了类似的方法。

残忍是人类与生俱来的天性。文明的发展，以及表面上人道主义的同步发展，都极具欺骗性，导致人们产生了这样一种观念：总体上，人类正变得越来越仁慈。而实际情况是：只有社会的很小一部分在相当可观的程度上成功地阻止了多数派方面公开的残忍行为。法律所允许的每一种形式的残忍行为，都被公众兴致勃勃地、大规模地施行着。要想让整个社会对于表现任何特定形式的残忍或迫害普遍感到憎恶，就需要法律来阻止在任何特定方面以及在整个一段持久的时期里所表现出来的人类与生俱来的残忍，需要把这一特定行为看作犯罪。但是，这种对任何个体犯罪者的憎恶和排斥，被明确地局限于法律所定义的违法行为。不能把它扩大到任何类似的、同样残忍的做法，这样的做法，偶然或必然逃脱了被视为犯罪而受到惩罚的厄运。

人的实际上公开的残忍行为与他不受限制的潜在残忍之间的这种区别，具有巨大的意义。它间接地解释了文明种族为什么会倒退到野蛮的残忍形式，正如战争与革命时期所证明的那样。

对于用皮鞭强迫一个人劳作的想法——曾几何时，这种做法在世界上很多地区都习以为常——今天的大多数人都感到憎恶，这种憎恶是真诚的；在现有的社会条件下，回归这种做法绝不会得到支持。但是，谁也不会对用皮鞭强迫一匹马干活的想法感到憎恶，这在文明时代的世界各地都是常见的一幕。只有当鞭打"马奴"就像鞭打"人奴"一样被人们普遍而坚决地摒弃的时候，我们才可以说，社会开始认识到残忍的真正意义，任何希望它最终消失的想法都是可以理解的。

存在一种这样的趋势：把鞭笞当作一个已经死去的课题来看待，就像看待希腊文和拉丁文、看待巫术、看待《圣经·创世纪》中的宇宙进化论一样；认为它的意味等同于亨利八世的偷情、伊

作者序

丽莎白女王的童贞，或者摩门教徒的一夫多妻制。下面这个说法倒是真的：现代的孩子们对桦条或藤条并没有多少实际的认知，惩罚性的鞭笞正变得越来越罕见，宗教性的鞭笞成了人们嘲笑的对象。但下面这些说法却不是真的：鞭笞实际上已经消失；鞭笞背后的心理动机今天并不存在，而且很容易采用某种外在表达类似于鞭笞的形式——至少就涉及其本质上的残忍来说是如此；施虐狂和受虐狂也不存在。

正相反，就其象征性的或心理学的形式而言，受虐狂随着文明的发展在不断增加。民主的任何一次扩大，都注定要导致施虐狂和受虐狂的相应增加，表现为不断增长的屈服于官僚干涉和社会恐吓的形式。许多年前，当时正在深入研究推动社会向前的动机的尼采就觉察到了这一现象的存在，它既构成了所谓文明的基础，同时又危及文明——施伦克-诺津把施虐狂和受虐狂合在一起，称之为性虐狂（algolagnia）：施虐狂在背后，并通过政府、宗教、法律和制度发挥作用；受虐狂很容易从人民大众面对自己的自由不断被侵蚀时所表现出来的逆来顺受中看出来，从男人对女人统治的心悦诚服中看出来。

诚然，乍一看，这些表面看来无害的社会学症候，跟代表真正受虐狂的性臣服之间，似乎风马牛不相及，但我们必须记住，一棵树栽下去，它就有可能沿着非正统的路线发展。现代的孩子和成人都倾向于越来越依赖政府充当他们的奶妈、他们的老师以及他们的监护人。年复一年，一种趋势在不断增长，这就是：把事情留给政府及其不断增长的官员大军去做。年复一年，还有一种趋势也在不断增长，即：不仅要服从那些为引导人民而牢固订立的行为准则，而且还要以奴颜婢膝的方式接近这些官僚，谦卑地请求允许自己服从他们，为的是在没有现成规则可用的情况下引导事情的发展。所有这些事情都越来越具破坏性，越来越令人气馁。所有这一切表明，在这些心态和行为赖以产生和发展的地方，真正受虐狂的扩大就很可能会在女性主义的文明中发展出来。

我们看到，这些方向上的发展趋势，在今天的很多文学和戏剧作品中都有过强调。通俗小说中的男女主人公，无论在行为上还是在观点上常常都有受虐狂的倾向。特别是在萧伯纳的戏剧中，一次又一次地刻画了男性受虐狂的角色。

文明——尤其是今天的文明——的受虐狂特征，就像它们的一般特征一样无远弗届。在现代社会中，"自卑情结"就是一种自疚心态（借用精神分析学家们的说法），它所描述的那种心态非常接近于受虐狂的表达，拥有这样的情结非常流行，以至于成为一种时尚。

故意自我囚禁于小孩子的束缚中，与底层贫民和贵族阶级同样乐意屈服于独裁者的意志，这之间是一条很宽的鸿沟。但实际上，这两种现象的基本根源却是一样的。类似的，有一种特殊的欲望同样源自受虐狂的心理基础。这种欲望导致人们——即使就精神的和道德的反常来说他们是爱交际的——在秘密的协会、俱乐部和部落中结合在一起；像麋鹿党、基瓦尼俱乐部、共济会等秘密组织的会员们那样唧唧哝哝，神气活现。

作者序

我前面提到的所有这些因素，分别地、共同地、累计地发挥着相当可观的影响。文明无疑受到纯象征型受虐狂的威胁。这种趋势会不会进一步扩大，或者，一次强大的姿态逆转最终会不会出现，这个问题只有未来才能决定。

暴民施虐狂一直以潜在的形式存在。它始终秘密地存在着，持续不断地发挥着作用，普遍以折磨动物的形式。给予程度最轻微的法律许可，它就会以"严刑逼供"的形式发挥作用，就像在美国和其他国家那样。任何时候，只要有战争或革命提供激励或借口——就像在第一次世界大战中那样——它就会兴盛起来，其程度足以媲美宗教裁判所最糟糕的特征。在那些荣登报纸头版头条的谋杀审判中，在那些构成了基督教的最壮观特征的吃人仪式中，它一直象征性地发挥着作用。

所有这些事情，以及它们彼此之间错综复杂的关系，我将在接下来的篇幅中努力予以厘清。我想，考察形式五花八门的鞭笞、心理学背景及其相互之间的关系，将被证明是意义深远的一项研究。它提供了一份格外有趣的、非常重要的社会学文献，并显示出有必要永远废止这样一种惩罚形式。它是如此野蛮，如此凶残，如此让人丢脸，在心理和身体上如此危险，就其改造性、赎罪性或补偿性而言，又是如此不充分。

事实证明，本书的写作绝不是一项轻松的工作。这个课题充满了困难。对于发现来说，并不缺乏材料，也不缺乏证据。正相反，主要的麻烦之一就是现存的材料和证据太多。从数量庞大的可用证据当中选择证据，本身就是一个难题。我的目标是拿出刚好足够的、必不可少的文献材料，同时避免让本书变得冗长乏味或令人厌倦。接下来，性的方面——对于清晰理解和充分考察这个课题来说它是如此不可或缺——也要求最精细的处理、最深刻的探查，并且要无情地面对一些在很多人看来可能令人不快的事实。对性的方面及其所有暗含的意义视而不见当然很容易，正如此前很多论述体罚这个主题的作者所做的那样。但是，这种鸵鸟姿态不仅回避了主要问题之一，而且还显示了对真相的曲解。体罚最有害的特征之一在于，一方面是迎合人类中虐待狂因素的可能性，另一方面是唤醒或发展性本能的可能性。特别是，鞭打孩子很可能伴随着不健康的性兴奋；仅仅基于这个理由，就足以把它归类为与现代的科学改进和教育趋势背道而驰的惩罚形式。

我坚定地相信，这本探讨体罚及其类似物的书——按照我在这里所提出的思路——正是长期以来人们所需要的。我的这一确信，构成了我写作本书的正当理由，也是对我在长达数月的时间里研究这种习俗的慰藉。这种习俗是如此稀奇古怪，如此令人惊诧，如此野蛮凶残，而且常常让一种被称作人的动物深感厌恶。

乔治·莱利·斯科特
坎布里奇

第一部分　体罚的心理

第 1 章　残忍的由来 /003

人是残忍的。人一直都是残忍的。他对任何在他看来处于劣势的东西都很残忍。无论是对自己的同类,还是对动物,他都是残忍的。

第 2 章　愉悦与疼痛 / 011

我们来看一个在施加痛苦的过程中扮演消极角色的例子,在这个例子中,女性很高兴看到两位男性为了得到她的青睐而大打出手。在动物世界,雌性注视着两个竞争的雄性为最高权力而战斗:她热切地屈服于胜利者的求爱。

第 3 章　残忍为了什么 /015

在野蛮的原始种族中,残忍地虐待战俘、奴隶、敌人及其他各色人等的观念,是由于它作为一种威慑力量的价值而产生的。

第4章　对痛苦的治疗 / 023

因为重击背部有时候能起到治疗闷气的作用，他们便认为：重击胃部能治疗便秘，鞭打一个女人的臀部能帮助她分娩，割破肩部是治疗眼疾的主要方法。

第二部分　刑罚的各种形式

第5章　鞭刑柱·颈手枷 / 033

这位人面兽心的法官对她做出了这样的判决：行刑人，我命令你对这位女士给予特别的关注。要痛快淋漓地鞭打她，鞭打她直至血流如注！

第6章　虐待狂 / 068

在很多情况下，女仆们在服侍女主人之前都被迫把自己剥得赤条条一丝不挂，以便随时依照这些残暴贵妇的一时兴起而立即接受鞭打。

第7章　军法的惩罚 / 083

受刑者奉命脱得一丝不挂，然后把他的手腕和脚腕绑在一个梯子上。在这个位置上——他的胸部紧压着梯子的横档，赤裸的背部暴露在行刑人的面前——他准备接受惩罚。

第8章　不打不成器 / 098

所罗门的《箴言》说："不肯使用棍杖的人，实是恨自己的儿

目 录

子,真爱儿子的人,必定加以惩罚。"他告诫人们:"不可不管教孩童,你用杖打他,他必不至于死。你要用杖打他,就可以救他的灵魂免下阴间。"

第三部分　肉体折磨

第9章　惩罚的惯例 / 115

在这些修道院里,修道士们穿着一种特殊的衬衫,背部开口,为的是减少准备接受鞭打时露出身体下部的麻烦。

第10章　自我救赎 / 125

有一天,他的秘书不得不破门而入,从他手上夺下皮鞭,以免他鞭打自己过于猛烈,最后把自己打死。

第11章　鞭笞运动 / 141

男人、女人和孩子,身上穿的衣服比一丝不挂好不了多少,除了皮鞭之外什么也没拿,神情严肃地列队而行,不断祈祷上帝宽恕,泪流满面,叹息呻吟,每隔片刻便用手里的皮鞭抽打离自己最近的人。

第12章　让整个世界谈虎色变 / 152

在接受判决之后,悔罪者被带到宗教裁判大会上示众。然后,他们被剥得一丝不挂,骑上毛驴,脖子上挂着一块牌子,上书他们的罪行以及判决。他们被鞭打着走过大街小巷。

第13章 臭名昭著的案例 / 164

一个名叫玛丽亚·埃斯库德罗的 40 岁的寡妇作证说,她的告解神父特意安排到她家里探访她,"当他们几乎赤身裸体彼此相对、互相鞭打的时候,根据约定,他们将闭上眼睛"。

第四部分　以牙还牙,以眼还眼

第14章 "恶魔之笼" / 173

有一次,当一个看守冒险紧挨着铁栅的时候,马莱特突然伸出了他的报复之手,用一块锐利的金属,生生切开了看守的整个脸。

第15章 行刑人的感受 / 182

除非鞭笞者是一个施虐狂,或者是一个缺乏任何人道主义感觉的人,这项任务必定是一项令人厌恶、让人掉价的差事。

第16章 "对付他们只有一种办法" / 192

千万不要忽视了这样的可能性:一旦把惩罚的许可执照颁发给了父母和老师,残忍的本性和虐待狂的冲动就有可能得到放纵的空间。最后,受到严厉鞭打的孩子总是觉得,自己对加害者满怀怨恨。

第17章 与鞭笞有关的罪恶 / 203

众所周知,欧洲大陆的很多妓院都千方百计迎合富有的颓废者、堕落和酒色之徒,装备了各式各样的鞭笞工具,其目的很明确,就是为了刺激或唤起性兴奋。

目 录

第 18 章　体罚的病态 / 223

> 在那个死刑犯被烧死在火刑柱上或者被四马分尸的年代,公众成群结队地去目睹不幸的受害人饱受折磨……就连那些不是任何真正意义上施虐狂的人,对残忍的行为也明显有一种几乎令人难以置信的喜好。

第 19 章　对痛苦的恐惧 / 253

> 让任何一个人认识到鞭笞的公正都是一件很困难的事情——即便不是不可能的事情。正相反,在接受惩罚的个体身上,鞭笞几乎肯定要唤起一种不公正的感觉。

人名、地名、译名索引 / 260

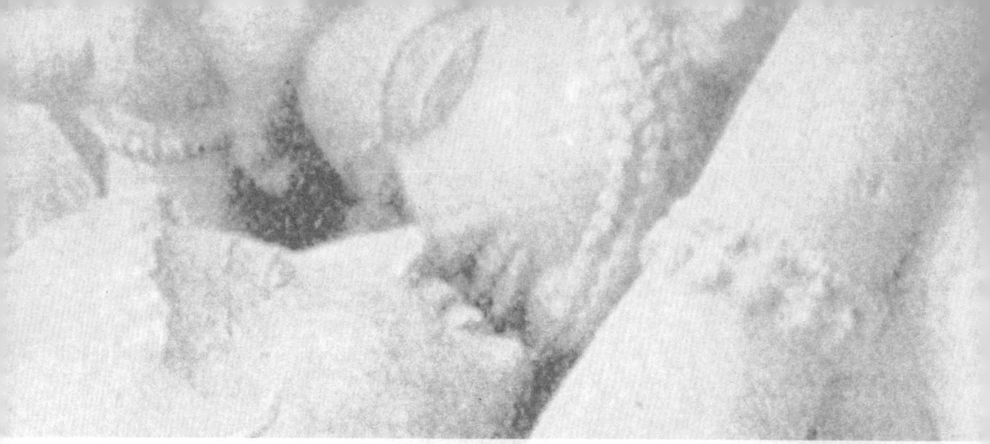

第一部分

体罚的心理

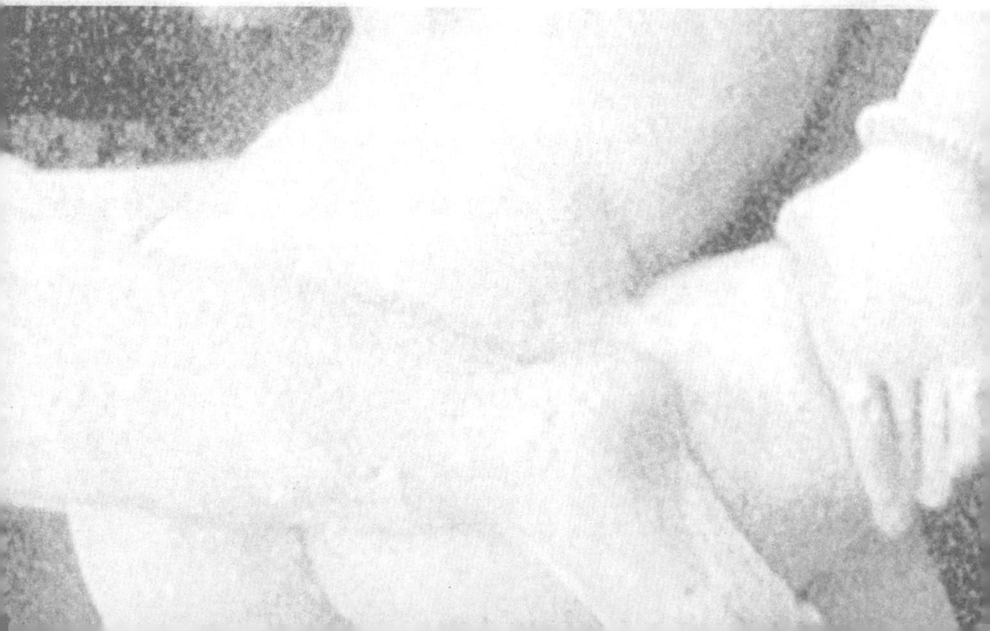

第1章
残忍的由来

人是残忍的。人一直都是残忍的。他对任何在他看来处于劣势的东西都很残忍。无论是对自己的同类，还是对动物，他都是残忍的。文明的进步，既没有使人丧失其残忍的能力，也没有让他消弭残忍的欲望，充其量，只不过是把这二者引上了新的途径，要么是伪装起来，要么是暂时加以克制。到如今，人在迫害他人时所体验到的快乐，依然以五花八门的形式表现出来。在身体迫害难以得逞的地方，心理迫害便取而代之。野蛮的行径，在正义的幌子下得以实施，而且被认为是对犯罪的合理惩罚，这一事实并没有什么改变，也没有以任何方式减轻其本质上的残忍。

原始人在自己的肉体痛苦中发现了惩罚的因素。这多半是原始人最早的发现之一。他发现，无论何时，只要是他亲身体验过的疼痛，都会在头脑里烙下难以磨灭的印象，比起任何其他印象，这种印象持续的时间更长，也更清晰。譬如，跟相反的感受——快乐——比起来，它持续的时间就要长久得多。

原始人在基于身体反应的原始思想观念里，不知不觉地，既超越道德层面，也超越了其宗教相关性。像我们所理解的、像基督教通过人神一体的代言人所广为传播的那些善与恶的抽象概念，在原始人看来毫无意义。这个因素能给他带来什么好处吗？它是不是有可能会伤害他呢？对这些简单问题的回答，构成了规范原始人行为准则的基本前提。他遇到一个敌人，他迅速做出各种努力以消灭这个敌人。这种情形下，要么是消灭，要么是被消灭。简陋朴素的哲学，多半就是这样直率而坦荡地表达出来，却异乎寻常地可靠。我们今天所理解的道德，归根到底，在把它的附属品、它的洛可可式装饰、它新奇别致的名称、它委婉动听的术语全部剥离之后，与这个最原始的简陋朴素的定义比起来，并无多大不同。

尼采在他对文明的精妙分析中，把注意力集中在原始人的"非道德"上。他向我们展示了：给予部落中那些违反其不成文法的成员以惩罚，所依据的条件，与他对敌人采取行动时的动机是完全一致的。换言之，原始人对待部落之外的敌人与对待部落之内的敌人，并没有真正的区别。他的本能促使他去毁灭、残害、损伤那些可能会用一切手段伤害自己的人或动物。因为这个原因，如果戴着人道主义的有色眼镜去观察和分析，在所有原始社会中，惩罚都是一项野蛮的举措。人们一直把致残或致死包括在惩罚之内，之前则是某种形式的身体或心理折磨。

疼痛和苦楚，烙下的印象很深，它们把不可磨灭的文字镂刻在人类记忆的碑版上。这些构成了原始人学习的功课。它们也同样构成了文明种族所学习的功课。人先是与自己的同胞立约，后来又向自己的神许诺，并与神立约。惩罚，或者对惩罚的恐惧，

残忍的由来

是让他牢记要履行承诺、信守契约的重要因素。

由此产生了牺牲的观念,把这作为一种向神赎罪的手段。每一种宗教祭仪,至少在它的早期形态中,都有不同形式的牺牲。最初,这些牺牲的祭品,是以摆放在祭坛上的水果蔬菜的形式出现的,然后是动物,最终不可避免地要轮到人。常常,战争中俘获的敌人,或者偶然碰见并被抓来的陌生人,充当了向神赎罪的祭品。但这样的人并不总是很凑手,于是不得不拉其他人来做替死鬼。奴隶和罪犯,常常被派上这样的用场。孩子是最受欢迎的牺牲品。因此,腓尼基人总是高高兴兴地拿他们的小孩去献祭。据希罗多德讲,埃及人常常用家里的头生子女献祭。在古代的墨

◆ 向阿波罗神献祭

西哥和秘鲁,各种各样的人都被祭献给太阳神。根据《圣经》文本,希伯来人的那位残酷成性的神,总是不知疲倦、永无休止地要求烧死男人、女人和小孩,以充当祭品,就像《利未记》第27章中,在耶和华通过他的发言人摩西所发布的命令里所证明的那样。

最后,随着基督教的出现,带来了原罪观念,它固执的受虐狂心理,它的个人牺牲观念,它的自作自受的身心折磨,最远甚至出现了以耶稣本人的牺牲来赎罪的教条。

这种以人做牺牲的观念,混合了许多同类相残的因素。有一点变得很明显:神并没有吃掉被宰杀的动物或人的肉,因为尸体

◆ 亚伯拉罕把他的儿子以撒献祭给上帝

并没有消失，于是人们假定：神吃掉的仅仅是灵魂或者精神，而实在的肉，是让他的信徒们给吃掉了。

"必吃你本身所生的，就是耶和华神所赐给你的儿女之肉。"① 以色列的神耶和华这样命令他的人民。由此产生了这样一种观念：改吃神的血肉，或者他的代理人的血肉，这种观念延续到了今天的"圣餐"中。② 因此："你们若不吃人子的肉，不喝人子的血，就没有生命在你们里面。"③ 在同时代竞争的宗教中，以及在异教徒的宗教仪式中，都遵守类似的、不同形式的献祭食人习俗。

基督教的整个道德准则都是依据这些基本献祭观念编纂的，移植了原始的善的观念——作为某种令人愉快的或有益的东西，以及恶的观念——作为某种令人痛苦的或有害的东西。尼采借查拉图斯特拉之口发出了振聋发聩的声音："所有道德都只不过是权宜之计的一种表达。"换言之，道德是一种很不稳定的观念或观念的集合，在风信标的反复无常中摇摇晃晃、踉踉跄跄，依据独裁统治的权力欲，在沉闷乏味、词藻华丽的专制形式中，或者在伪装成民主政治的霸权主义中，表达自己。

对同胞的残忍、迫害和羞辱，全都是权力欲的表达，这种权力欲作用于动物和人类生活的方方面面。抓住机会显示自己高人一等，似乎是每个人与生俱来的天性。要证明这种优势，最充

---

① 《旧约·申命记》第 28 章第 53 节。
② 罗马天主教教会和希腊教会都支持圣餐变体的教义，它是对异教食人信仰的逆转：酒和面包实际上是基督的血和肉。
③ 《新约·约翰福音》第 6 章第 53 节。

分、最壮观的证据,莫过于把同胞踩在脚下,尤其是把竞争对手和可能的对手踩在脚下。成功,这个世界所理解和崇拜的那种成功,只不过是这种权力欲的彰显。残忍,身体上和精神上的残忍,与它的功能密不可分。一个人即使自己不能作为专制暴君而大显威风,他也会极力抓住一切机会,使自己能够参与集体的专制,正如很多群众迫害中所证明的那样。因此,他热衷于参与对人处以私刑,参与猎杀动物,以及诸如此类;他为每一个让他能够把某个人迫害致死的机会而欢呼喝彩。在更小的规模上,同样是这一基本动机,促使个人参与一场信仰复兴运动。他暂时被抬举到了平常的生活轨道之外,处在一个权威的位置上,在他的想象里——即便不是在别人的想像里——他有点类似于英雄。在这个过程中,他把一个或更多的同胞踩在脚下,这一事实有着重大的意义。

除了纯粹的虐待狂动机之外,权力欲解释了世界上所存在的很多残忍行为。它还解释了很多被归因于宗教狂热或政治狂热的残忍行为。它解释了里希特在下面这段富有启发性的文字中所提到的那种残忍:

> 人的身上潜藏着一种可怕的残忍,正如怜悯可能会导致他实实在在的痛苦一样,施加惩罚也可能会给他带来愉悦。这是一件古怪的事情,留心观察老师、士兵、农民、猎人、奴隶监工和杀人凶手,还有法国大革命,都证明:愤怒所激起的残忍很容易变本加厉,以至于对于那些施加者来说,这

残忍的由来

种残忍成了一个愉悦的源泉。对他们来说,哭喊,泪水,以及鲜血淋漓的伤口,实际上都是解他们嗜血之渴的清泉。

个人不仅从自己的残忍行为中获得愉悦,而且,他还在目睹他人施行残忍行为的过程中经历类似的愉悦。事情从一开始就是这样。野蛮和原始种族当中献祭给神的牺牲,就是这种给目击者带来愉悦的惊人残忍的典型的早期形式。祭品——先是动物,然后是人——受到老百姓的鼓掌喝彩;烤炙受害者常常伴随着欢快的叫喊声。折磨战俘、惩罚罪犯也是如此。

自从文明破晓以来,全世界各个民族的行为提供了大量这种以目睹残忍展示为乐的实例。在罗马帝国最强盛的时候,皇帝和贵族们很高兴看到战俘、罪犯、奴隶各色人等被迫充当角斗士,被野兽撕咬得血肉模糊,而当人手缺乏的时候,就让动物与动物互相搏杀,决一生死。这一习俗的回声,遗留在今天的西班牙斗牛中。另一个回声遗留在英国的猎狐中。

除了大量地折

◆ 罗马浮雕所表现的角斗士

磨动物之外,仅就英国而言,残忍行为的稀松平常,可以从每年虐待儿童诉讼案件的数量中看出。1934年,全国防止虐待儿童协会处理的虐待或疏忽案件多达109 471起——这是一个巨大的数字。《星报》(*Star*)就这一数字发表评论说:"它是第一次世界大战以来最高的。很难解释这个令人不安的事实。战后这个数字一直在稳步上升。"①

1936年,该组织仅在兰开郡和约克郡处理的案子就多达26909起。1937年8月5日的《约克郡晚邮报》(*Yorkshire Evening Post*)说:"这一年的有些案子揭示了明目张胆的疏忽和残忍的实例。"

我们完全不可能弄清楚:这样残忍的表现当中,究竟有多少纯粹是作为满足成人权力欲的一种手段,有多少是虐待狂性质的——无论是就其本质还是就其表现而言。二者可能互相交织,互相重叠;一者常常是唤醒并表达另一者的手段。正如莫尔所言:"残忍的倾向在童年早期就出现了,只不过是到后来,这一倾向才开始跟性生活明确有关。"②

---

① 《星报》1935年5月29日。
② 阿尔伯特·莫尔:《儿童的性生活》(*The Sexual Life of the Child*)。

第 2 章
愉 悦 与 疼 痛

我们已经看到，人类当中的残忍，即便确实不是天生的，但至少是在很小的时候就得到了培养和发展——肯定以某种形式出现在婴儿的身上。我们看到，今天依然存在残忍的行为，尽管我们自诩有人道主义的文明。我们还看到，随着文明的发展，原始人当中那种野蛮的、纯身体的残忍，尽管依然存在，但在一定程度上已经被心理形式的残忍所取代、所覆盖。我们看到，个人的残忍是如何表达的——要么以积极的形式，要么以消极的形式，以及在同一个个体的身上，两种形式是如何交替出现的。

我们来看一个在施加痛苦的过程中扮演消极角色的例子，在这个例子中，女性很高兴看到两位男性为了得到她的青睐而大打出手。在动物世界，雌性注视着两个竞争的雄性为最高权力而战斗，她热切地屈服于胜利者的求爱。在野蛮种族中，通过俘获来赢得婚姻十分常见，其过程距离动物当中的那套做法相去不远。

正是在这里，我们看到，雄性动物在爱的拥抱之前追求雌性动物的方式，跟那种以冲突和死亡为结束的追求比起来，存在着类似之处。在很多实例中，爱的追求与最终的俘获都是愉悦的；

在另外一些实例中,男性往往满足于自己的欲望,而根本不考虑女性的希求或愿望。在野蛮种族中,男性凭借蛮力占有女性的做法很是常见。

就其本身而言,动物当中的性行为常常是一个痛苦的过程。且不说初次性交插入的痛苦特性,仅就性交前的过程而言,也很少有不粗暴、不伤害的。公狗在性交之前常常咬伤母狗;公马会咬母马;公鸡会啄伤母鸡,并在性行为期间抓伤母鸡;螃蟹犯有故意伤害罪;母蜘蛛常常在性交之后咬掉公蜘蛛的头;其他很多动物、鸟和昆虫的交配器官确实会被划破,有时候甚至是重伤。

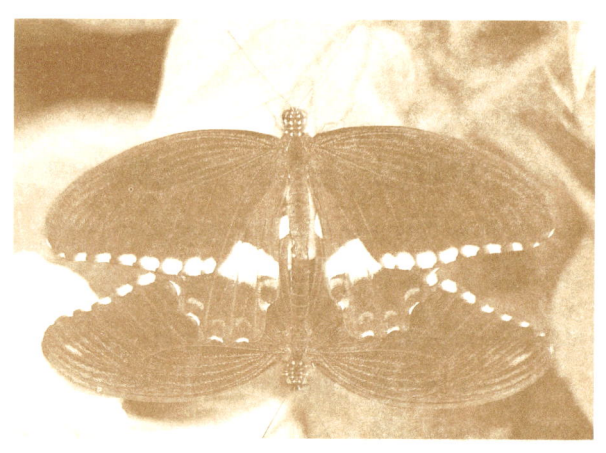

◆ 愉悦和疼痛有时候相互交织

就人来说,如果我们还记得,性交期间的感受取决于阴茎与阴道之间的刺激程度,那么,性交行为期间疼痛与愉悦之间的关系就显而易见了。同样程度的刺激,如果作用于性感区之外的任何部位,并与性兴奋相分离,都只会是疼痛或不快。就这一点而论，为了能够从性行为中获得快感，男人和女人——尤其是女人——都需要很大程度的刺激。阴道与阴茎头之间的摩擦，在一个男人身上足以导致射精，而在另一个男人身上却只有很少甚或没有令人愉悦的效果。而在有的实例中，甚至可能导致痛苦，继而导致发炎。在女人身上，由阴蒂和阴道疼痛导致的性刺激的异常，其范围非常广泛，从最愉悦的快感——彰显在反复的性高潮中——直到一个极端是比较麻木，另一个极端是阴道痉挛。有很多因素导致这些五花八门的情况，它们取决于各种各样的心理的和身体的原因。更明显的身体原因包括男性器官与女性阴道的不成比例，这可能从婚姻一开始就存在，也可能在以后的岁月里表现出来——作为连续分娩导致阴道变宽的结果，或是因过度的性交造成的。

在野蛮的原始种族当中，色欲和淫荡并没有像在文明人当中那样受到人为的阻遏、抑制或转移。如果性交并没有提供充足的性兴奋或性快感的话，她通常并不试图掩饰自己的不满和失望；从她的观点看，对于雄风不举的男人，应该加以嘲笑，并一脚踢开。正是女性对性兴奋的这些反应，结合了她的欲望，导致男性渴望通过各种手段，增强男性器官所拥有的自然的刺激力量，并为了让这些手段产生实际效果而忍受痛苦和折磨。因此，婆罗洲的迪雅克人才会使用臭名昭著的 ampallang（译者注：男性水平穿刺阴茎头的一种形式）。

有些行动，撇开性刺激不谈，毫无疑问会被认为是痛苦的。在另外的环境下，这些行动将会被认为是表示生气或愤怒，而在

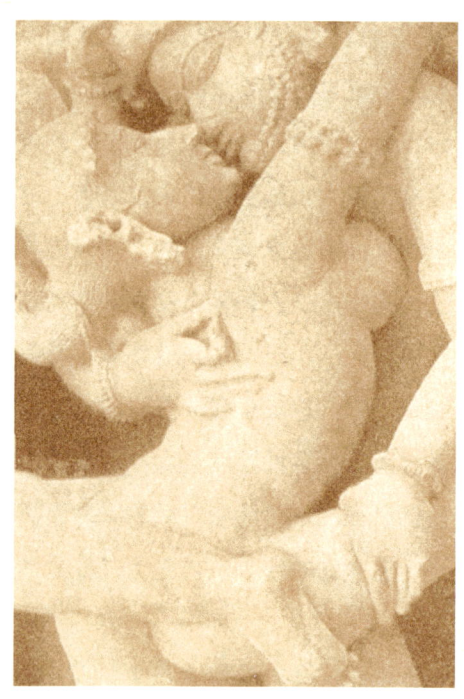

◆ 古印度表现性行为的雕塑

性刺激的剧痛中,却成了爱的显示,不仅被容忍,而且实际上还受到欢迎。掌掴和重击被作为爱抚而接受,抓挠和啃咬构成了性爱游戏中理所当然的组成部分。

撇开性交行为当中疼痛与愉悦之间的特殊联系不谈,疼痛在某些环境下也是兴奋剂。正如饥饿、恐惧、憎恨及其他应激反应依据当时的条件,要么是兴奋剂,要么是抑郁剂。在彻底研究了情绪感受对身体过程的影响之后,坎农指出,在痛苦及其他某些情绪感受中,肾上腺受到刺激,增强了分泌力,不断把额外的肾上腺素注入血流当中。这种物质拥有非同寻常的滋补力,使得由于疲劳、衰老或其他原因而变得衰弱无力的肌肉能够立即恢复活力或元气。① 疼痛——以鞭打的形式施予身体的某些部位——如何可能明确地充当性的刺激,我们将在这个研究稍后的阶段看到。

---

① 沃尔特·B. 坎农:《疼痛、饥饿、恐惧和愤怒中的身体变化》(*Bodily Changes in Pain Hunger Fear and Rage*),纽约,1929。

第3章
残忍为了什么

人类同胞和动物当中的疼痛、羞辱和苦难，为什么会在施加那些残忍行为的人身上唤起愉悦？目睹某种形式的暴行为什么会给旁观者带来愉悦？这些都是深奥而难解的问题。它们跟如此之多的社会因素和心理因素混在了一起，以至于很难给予直截了当的解答。

我们已经看到，在野蛮的原始种族中，残忍地虐待战俘、奴隶、敌人及其他各色人等的观念，是由于它作为一种威慑力量的价值而产生的。我们看到，在文明社会里，这一基本观念如何得以发展，直至人们设计出了处罚规则，以对付各种不同的犯罪和行为不端。在所有作为一种惩罚形式而施加的折磨或残忍行为的背后，表面的意图是一种正义——至少在文明社会里是这样。基督教时代所施行的所有可怕的、令人震惊的残忍行为，都是以道德和人道的神圣名义而予以实施的。为了人民的利益，一直是迫害者的战斗口号，也是他们行为的正当理由。但是，这一解释是真的么？对此我深表怀疑。

有一种观念，世世代代得到人们的支持，并使之永存不朽，这就是：法官、迫害者、刽子手——简言之，就是每一个以任何方式跟实施任何形式的惩罚联系在一起的人——都是在一种严格而刻板的正义感的驱使下行动。这纯属子虚乌有。有一点倒是真的：敌人和怀有敌意的历史学家都倾向于通过完全不同的透镜来看待这些所谓的正义之举；但在当时，他们大权在握的同胞都认为，正义是激发每一行动的动机。

现在，撇开法律和正义并不是一码事这个事实不谈，鉴于曾经有过的每一部法律都是由那些在某些方面对实施法律感兴趣的个人设计出来并正式批准的，我没法同意这样一个观念：每个法官和刽子手都是因为决心要让正义得到伸张，而不是因为任何其他理由，才追求他们各自的职业。即使由于某种机缘，他们最初可能是带着诸如此类的目的着手工作的，但几个月的经历就足以让他们相信：这个想法是一个神话，一个错觉，而且，他们会在厌恶和绝望中放弃自己的工作。你完全可以声称，牧师总是带着这样一种真诚的信念选择自己的职业并坚持不懈地从事之：他在拣选那些从大难中得救的人，并使灵魂带着洁净的良心和悔改的意愿进入天国。

如果你希望更加接近真相，那么你最好是抛弃这样一个观念：的确存在诸如纯粹利他主义之类的东西。任何一个人所做的善事，几乎总是偶然的，而且在某种意义上是被迫的，是他在为了某个目的而做的某件事情不可避免地伴随发生的事，而这个目的，跟这件大吹大擂但实际上是伴随发生的善事完全不搭界。鸟儿吃掉鼻涕虫，给农民以有益的帮助，但就结果而言，它们并没

残忍为了什么 ③

◆ 中世纪行刑的场面

有自认为在以万能上帝的名义做着善事。农民为它们大唱赞歌，但在种下种子的那一刻，他却萌生了荒谬可笑的念头，要努力吓跑他曾经的盟友。要是他看见一只孤零零的麻雀在试图进入这块神圣的领地，他就会诅咒它去死，并迅速地伸手去拿他的枪。猫拿耗子，有人认为那是仁慈的上帝为了这一特殊的目的而创造了这种动物；但如果有机会的话，它会同样高高兴兴地捕杀金丝雀和小鸡，它的主人往往会以不同的态度来看待猫的这些消遣。类似的，导致男人和女人——就绝大多数而言——去做这件事情或推动那件事情、去跟邪恶战斗、去发起改革的基本动机，跟他们公开宣称的那些目标没有任何关系。实际上，任何已经实现的成功，都附属于这个基本的但隐藏着的、朦胧不清的目标。

当然，基本的动机主要是挣生活。在文明社会，寻求和需要工作的人，多于提供给他们的工作岗位，因此，这个基本动机是一个最强大的动机。大多数人很少有机会选择以何种方式挣得他们的生存必需品；类似的，他们一旦选择了或者被迫接受了一份职业或行当，他们就不得不——不管愿意不愿意——在这一职业或行当干下去，直到他们入土为安，或者在衰朽之年退休。正是由于这个原因，才有那么多人憎恨他们为了生计而得到的工作。事实上，这个说法多半适用于全世界百分之九十的工人。还有一些人，他们也憎恨自己的工作，但为了某个不同于纯粹积累财富的原因，他们带着表面上的热情和真诚从事他们的工作。这些少数人可以在某个其他的行业挣得自己的生活，或者可能有足够多的钱，使他们完全用不着工作，但为了某些不想向世人展示的原

◆ 中世纪的酷刑

因，例如渴望权力或名声，或者渴望寻花问柳的机会，他们希望继续从事所选择的特定职业或行当。

很难想象一个刽子手会喜欢自己的工作，或者一个监狱看守，一个警察，一个屠夫——当然，除非他是个施虐狂。同样很难想象，一个收税官能够从他的这份勒索同胞的工作中获得快乐——其中很多同胞没有能力缴纳所要求的税款——正如他清楚地知道的那样，这样收来的钱只不过是为了让那些愚蠢的官员可以肆意挥霍。更难想象的是，一位治安法庭的律师会以自己的事业为乐，在这个行当里，他常常被迫卷入大规模的说谎、伪善和欺骗之中。

很容易把正义与报复搞混淆。遭受了人身伤害或者由于他人的行为而承受了损失的男人和女人，总是真诚地渴望对此负有责任的人受到惩罚；而惩罚的程度要与他所犯下的罪行相称，要么通过自己的报复之手，要么借助法律之手。既然如此，那么激发人们渴望给予犯罪者以适当惩罚的动机，并不是什么不带个人感情色彩的对正义的热爱；正相反，它纯粹是对个人报复的渴望。就大多数情况而言，当这笔个人账被结清的时候，对惩罚、伤害、施加痛苦的强烈渴望也便消失得一干二净。

因此，我们可以把纯粹热爱正义作为一种惩罚动机的观念一笔勾销，因为它实际上并不存在。而且，我们可以认为，就绝大多数有机会以正义的名义实施残忍行为的人而言，促使他们行动的主要动机也是挣生活。他们被雇佣来执法，而且他们依据社会所认可或批准的法律规则来执法，即使这跟他的个人爱好相抵触。他们执法的时候明确地知道：如果未能履行这一职责将会导致辞退，而且，作为对自己良心的一点安慰，他们总是提出这样一个肮脏的论点：即使他们不做此事，别人也会做。

正如我说过的那样，这些人构成了大多数。但还是有少数人以惩罚同胞为乐，或者乐于目睹他们受到惩罚；正如有些人以虐待动物为乐或乐于目睹动物遭罪一样。文明社会也存在施虐狂和性变态。很多这样的男男女女在监狱、感化院或屠宰场里得到了自己的工作。

与这些变态者有点关联的是，有些人喜欢目睹或想象某种象征形式的残忍行为——这样一种形式在现代文明中根深蒂固，正如尼采在下面这段令人难忘的文字中所指出的那样：

> 我们称之为"高等文化"的几乎每一样东西，都是基于对残忍行为的精神化和强化——这就是我的论点；"野兽"根本没有被杀死，它一直活着，它一直繁盛兴旺，它只是改变了外形。那构成了悲剧中的痛苦之乐的东西，就是残忍；在所谓"对悲剧的同情"中，在每一件崇高事物、直至最高级、最微妙的形而上学快感的底座上，那令人愉悦地发挥作用的东西，只不过是从残忍的混合物当中，获得了它的甜美芬芳。①

---

① 弗里德里希·尼采：《超越善恶》(*Beyond Good and Evil*)，伦敦，1909。

还有一些个人——再一次属于少数派，但在每一个国家都可以找到，如果从总体上考量的话数量大得惊人——通过被人鞭打而经历性的快感和刺激。撇开那些只有在给予或接受惩罚时才能经历性激情的施虐狂和受虐狂不谈，鞭打与性之间的联系是如此密切，以至于另外还有很多人——尤其是老年人——他们通过有助于性冲动和性能力的鞭打来寻找刺激。

最后和最重要的是，存在这样一个因素，它跟相对残忍的任何考量有着特殊的影响，即对自己所熟悉的痛苦——无论是人的痛苦，还是动物的痛苦——冷漠无情，麻木不仁。正是因为这个因素，法官、行刑者、目击者以及其他每一个跟折磨、残忍和不人道的行为有任何联系的人，都如此经常地不仅变得越来越无情，而且还变得越来越严厉——只要在自己的权力范围之内。关于这一点，查尔斯·J. 纳皮尔少将的评论值得在这里引用一下：

> 有人注意到，当人们负责施加任何惩罚的时候（不管就其性质而言这种惩罚多么令人厌恶），他们通常变得渴望增加它的严厉：他们的心肠因为总是目睹施加这样的惩罚而变得越来越硬，他们错误地相信，他们同胞的身体同样变得越来越硬。要纠正这种似乎是我们天性中与生俱来的残忍倾向，就必须让理性介入，否则的话，我们的心肠就会通过眼睛变得像钢铁一样坚硬。[1]

---

[1] 查尔斯·J. 纳皮尔：《论军法与鞭刑》(*Remarks on Military Law and the Punishment of Flogging*)，伦敦，1837，第146页。

第4章
对痛苦的治疗

医学、江湖郎中和迷信一直被难分难解地混合在一起。即使到今天，尽管有科学的苦心经营，但它们依然在很大程度上被混为一谈。一个时代的医学发现，赢得了人们的高声赞美和热烈欢呼，却成了下一个时代的迷信，再过一代就成了神话。在野蛮人中间，巫医被归类为部落的医生。他是获得许可的执业者——跟文明国家的医师不同的是，他的许可执照是神颁发的。但这并没有改变这样一个事实：实际上，原始的巫医就是江湖郎中；正如文明社会中很多领有执照的医生也是江湖郎中一样。

当"江湖医术"这个说法被应用于医学的时候，主要指的是把某一个基本原则或疗法夸大为跟实际事实毫不相干的东西。在轻微疼痛的情况下能起到缓解作用或者能治好某些轻微疾病的药物或药草，被夸大为包治百病的万灵妙药。这就是江湖医术的本质。适用于某种热症的基本原则，被夸大为适用于其他每一种热症。这还是属于江湖医术。

我们已经看到，在某些情况下，疼痛是一种刺激和活力之源。我们看到，在疼痛和愤怒的影响下，人们所能够做到的事情,远远超过他们在平常情况下所能做到的事情。我们知道,一个人即使是被伤害得快要死了,而就在那一刻,他能够做出最后的努力,这是他在任何平常情况下都完全做不到的。我们还知道,在动物的身上常常发生一模一样的事情。

◆ 江湖郎中

早在《圣经》所记述的年代,古人就无意中发现了这些基本事实——他们注意到,在某些情形下,疼痛充当了一种刺激物。直来直去,符合从古至今世界各地"智人"的习惯,他们接着在这一基础上建立了夸张、神话和江湖医术的整个大杂烩。接下来,他们主张并奉行下面这个假说:施加疼痛会在所有情况下刺激所有男人和女人的活力。因为重击背部有时候能起到治疗闷气的作用，他们便认为：重击胃部能治疗便秘，鞭打一个女人的臀部能帮助她分娩，割破肩部是治疗眼疾的主要方法。

除了这些一般的假说之外，人们还认为，棍棒本身被赋予了神奇而秘密的力量。它是一种力量的象征；更有甚者，它还是阴茎的象征，实际上是一个被普遍敬畏和尊重的对象。

在原始种族中，很多疾病被认为是由于邪灵导致的。在《圣经》中，这个观点被再三重申。鞭打是驱除这些恶魔或邪灵的一种常见方法；能够导致疼痛的其他五花八门的惩罚也是如此。因此，《马可福音》中这样说：

> 耶稣一下船，就有一个被污鬼附着的人，从坟茔里出来迎着他。那人常住在坟茔里，没有人能捆住他，就是用铁链也不能。因为人屡次用脚镣和铁链捆锁他，铁链竟被他挣断了，脚镣也被他弄碎了。总没有人能制伏他。他昼夜常在坟茔里和山中喊叫，又用石头砍自己。（《新约·马可福音》第5章第2~5节）

同样，阿斯克雷庇阿德、卡留斯·奥雷利亚努斯、提图斯、雷西斯和瓦勒斯库斯都建议把鞭笞作为治疗精神错乱的方法；千百年来，这种信念在很多地方得到了强有力的支持。罗马人以为，鞭笞会导致女人怀孕；在那年头，生儿育女就是女人的抱负，也是她的宿命，因此，她们几乎是满心欢喜地欢迎人家揍自己。据维吉尔和他的注释者塞维乌斯说，在牧神节上，某些挑选出来的男人，脱得赤条条一丝不挂，手里拿着皮鞭，沿着大街小巷一路手舞足蹈，用皮鞭抽打他们所遇到的每一个女人。这是一个历代盛行的迷信的例子。另一个例子是古代水手当中盛行的一个观念：鞭打乘客会防止风暴。在佩特罗尼乌斯的《萨蒂利孔》（*Satyricon*）中，讲到了恩科尔皮乌斯和吉顿是如何被人带着这一明确目的而鞭打的。书中这样说：

> 水手们做出决定，要给我们每人40鞭，为的是安抚这艘船的守护神。结果，一刻也没有耽搁，愤怒的水手们便开始用他们手里的缆绳抽打我们，极力让最卑贱的血流出来，以此安抚守护神。至于我，我挨了三鞭，我以斯巴达人的宽宏大量忍受了这些。

塞涅卡提出了一个总体性的陈述，影响了很多早期作家对疾病及其治疗的看法。他说："当失去知觉的身体被处理得能够感知疼痛的时候，医学也就开始见效了。"他还建议把鞭打作为治疗发烧的一种特殊手段。其他人遵循了他的路线，很快，那些患上了像破伤风、天花、风湿和肠病这样一些广泛扩散的疾病的人，发现自己总是被人痛打，为的是让他们产生疼痛感。据墨库西亚利斯说，不光是盖伦建议把鞭打作为一种促使长肉的手段，很多医生都开出了同样的药方。千百年来，奴隶商人一直习惯于鞭打他们的俘虏，其明确的目的，就是促使他们长肉，好让他们在市场上能卖个好价钱。

对痛苦的治疗 4

◆ 罗马浮雕中的鞭笞场景

据基什说,古希腊有一个习俗,妇女如果在结婚头几年没生孩子,她就要去雅典的朱诺神庙。[①] 在那里,一位潘神的祭司会治疗她的不育症。为了这个目的,她奉命脱得一丝不挂,腹部朝下平卧,祭司用山羊皮制成的鞭子抽打她。几乎用不着怀疑,这些潘神的祭司偶然发现,鞭打臀部会刺激性欲(参见第17章)。

鞭笞经常在公共浴室里进行。雷格纳德说,波的尼亚有一个这样的习俗:女孩要抽打她们赤身裸体的男性兄弟,为的是让他们开窍,诱使内脏排泄。当然,很有可能,这套程序在某些情况下可能会见效,但极有可能的是,真正的目的是性方面的。必须记住的是,那年头所有的公共浴室实际上都是妓院。

[①] 海因里希·基什:《女人的性生活》(*The Sexllal Lite of Woman*),伦敦,1910。

古代的医生和哲学家认为,鞭打为坠入爱河提供了一项有把握的治疗办法。就这一点而言,他们似乎更有道理。雷西斯、卡留斯·奥雷利亚努斯、瓦勒斯库斯、瓦勒斯库斯和瓜内里乌斯等人全都抱持这一信念。在装病、懒惰和欺骗的情形下,它的效力也是可信的。

迷信根深蒂固,无论是跟宗教有关的,还是跟医学有关的。由于这个原因,我们用不着大惊小怪:很多这样的观念,尽管很粗糙,却历经千百年犹存。一个名叫巴托林的人在1669年写道:

> 正如我在《历史杂纂》(*Cento of Histories*)一书中所证明的那样,在因苏布雷人当中,人们通过用力挤压肚子,或者用木球或铁球击打,从而把死去的胎儿从母亲的体内取出来。我还注意到,人们通过鞭打来治疗那些尿床的孩子(大人也一样)。①

作为治疗男人阳痿和女人不育的一种办法,鞭打在基督教体制建立之后的几百年里一直享有盛名。在这方面,正如我们稍后将要看到的那样,梅博米乌斯是其效力的忠实信徒;阿比·鲍里奥也是如此。迟至1839年,密林根还详尽无遗地写到了鞭打治疗疾病的功效,支持古人的理论。他说:

---

① 约翰·亨利·梅博米乌斯:《论鞭笞在医学和性欲中的使用》(*A Treatise on the Use of Flogging in Medicine and Venery*)。在《感化院的内尔》(*Nell in Bridewell*)一书中,记述了在德国的一座监狱里,迟至1848年还因为遗尿而鞭打一个孩子。

对痛苦的治疗 4

鞭打迫使循环从我们身体系统的中心走向外围。我们已经知道，在疟疾发作中它可以驱散发冷期。盖伦曾注意到，马匹商人习惯于通过适度的鞭击使他们的马匹膘肥体壮，并因此建议用这种办法给瘦子增肥。安东尼乌斯·穆萨用这种办法治好了奥古斯都的坐骨神经痛。帕多瓦努斯建议，当疹病爆发处于缓慢发展阶段的时候，使用鞭笞或荨麻刺激法。托马斯·坎帕内拉记录了一位绅士的病例，如果不事先接受一顿鞭打的话，他的肠道就没法排泄。人们常常注意到，皮肤发炎可以导致类似的效果。麻风病人的性欲异常得到了充分的证实；其他各种不同的皮肤病，通过抓挠可以获得适当的缓解，呈现出令人愉快的感觉。……鞭笞的效果很容易被归因于脊髓下部与其他器官之间存在的强有力的交感。①

实际上，鞭打是否具有强身效果取决于下面三个因素：（1）患者的生理机能；（2）患者的心理机能；（3）鞭打的强度。一般来说，人们已经认识到：要想有任何益处，鞭打就必须属于温和的或仁慈的性质，而且持续时间不能太长——这也适用于性的领域和精神领域。鞭笞一旦达到了相当严厉的程度，除了在特殊而反常的病例中，一般都只能带来抑郁和不良的效果。

---

① J.G. 密林根：《医学经历中的奇事》（*Curiosities of Medical Experience*），第二修订版，伦敦，1939。

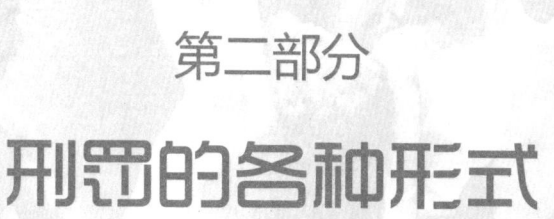

第二部分
刑罚的各种形式

第 5 章
鞭刑柱·颈手枷

　　我们没有办法知道，鞭笞作为一种惩罚形式始于何时、源自何地。它比文明要古老得多。它大概普遍存在于所有野蛮的原始种族中。毫无疑问，远在历史之初就有记录显示它的普遍和流行。

　　《旧约》称得上是一份最伟大的目录，列举了一个上帝所痴迷的种种行为，披露了所有的证据，足以证明在希伯来人和埃及人当中，广泛存在着这样的惯例：把鞭笞作为针对各种犯罪和行为不端的一种惩罚形式。根据摩西的法律，最多可以打 40 下，准确的数字依据犯罪

◆ 基督遭受鞭打

的性质和法官的兴致而有所不同。书中是这样写的：

> 人若有争讼，来听审判，审判官就要定义人有理，定恶人有罪。恶人若该受责打，审判官就要叫他当面伏在地上，按着他的罪照数责打。只可打他四十下，不可过数。若过数，便是轻贱你的弟兄了。（《旧约·申命记》第25章第1~3节）

为什么把最大值定为40下，这一点并不十分清楚，因为就所有的鞭笞实例而言，隐藏在鞭子中的手臂的力量，以及挥舞皮鞭的人所表现出来的劲头，对于惩罚严厉性的影响，远远超过准确的鞭数。不管怎么说吧，40下似乎是最严厉的惩罚，想必经常导致可怕的伤害，甚或是死亡。据同时代的记述，实际抽打的鞭数，在施加最高惩罚的情况下，总共是39下，由于使用的是一条三根牛皮条做成的皮鞭，因此每一下意味着三鞭。鞭子实际上是一件可怕的武器，由于皮条长度不等，最长的一根能够环绕整个身体，因此给胸部和背部都能造成可怕的伤害。

看来，鞭子是特别受青睐的惩罚轻微犯罪和过失的工具。文献中曾明确提到过，它是一种针对犯有性过错的已经订婚的女人的惩罚。[1] 也有证据表明，希伯来人和他们的同时代人曾经用它来惩罚政治和种族罪犯。

---

[1] 《旧约·利未记》第19章第20节。

基督教的出现，以及耶和华被基督的宽厚仁慈所取代，见证了残忍行为的减少。就大部分而言，撇开愿打愿挨的鞭笞不谈，《新约》中出现的鞭打，大多跟耶稣的弟子和使徒们不断遭受的迫害有关。因此，当使徒们由于迦玛列的干预而被饶过一命的时候，他们就被揍了一顿①，作为一种惩罚和威慑。据圣保罗自己的记述，他曾接受过犹太人的最重的处罚：打39棍。就连基督在被钉死于十字架上之前，也曾根据彼拉多的命令而遭到鞭打。②所有这些，以及其他类似的事件，为我们提供了证据：鞭子被用来惩罚各种轻微犯罪，并作为主刑判决完成之前的一种额外的羞辱和迫害。耶稣也至少有一次求助于鞭子。书上是这样写的：

> 犹太人的逾越节近了，耶稣就上耶路撒冷去。见殿里有卖牛羊鸽子的，并有兑换银钱的人，坐在那里。耶稣就拿绳子作成鞭子，把牛羊都赶出殿去。倒出兑换银钱之人的银钱，推翻他们的桌子。（《新约·约翰福音》第2章第12~15节）

看来，在耶稣那个时代，鞭子在罗马人当中是一种特别受青睐的惩罚和胁迫工具。鞭笞这个行当实际上已经多少算是一门技艺了，不同类型的鞭子被用于不同的罪行。因此，一个简单的扁

---

① "公会的人听从了他，便叫使徒来，把他们打了，又盼咐他们不可奉耶稣的名讲道，就把他们释放了。"（《新约·使徒行传》第5章第40节）
② "当下彼拉多将耶稣鞭打了。"（《新约·约翰福音》第19章第1节）

平皮带被称作 ferula（鞭子），使用这种工具的时候表明罪行是一种轻罪，只需最轻微的责罚。对于更严重的罪行，使用的是一根像绳子一样扭结成的皮鞭，经过精心的设计，要让人皮开肉绽，被称作 scutica（鞭子）。最后是样子像马鞭的 flagellum（鞭子），是用牛皮条做成的一件很凶残的东西。阅读贺拉斯的《讽刺诗集》（*Satires*）可以清楚地看到：工具的选择，击打的下数，都是由法官来决定的。贺拉斯还在某些段落中展示了凶狠恶毒的残忍行为和报复，他提到，鞭笞的持续时间是如此之长，执行得如此过分，以至于行刑者都累得筋疲力尽，而不得不停下来。

◆ 中世纪壁画中鞭打耶稣的情形

然而，当时像现在一样，也是一部法律针对富人和权势人物,另一部法律针对穷人和无名之辈。权势人物常常完全逃过了棍棒皮鞭的惩罚,而在他们无法避免的时候,惩罚的严厉性也常常大打折扣。因此,在惩罚贵族们的各种行为不端的时候,行刑者得到指示,依据亚达薛西·朗吉孟纳斯的专横法令,这些显赫的违法者可以穿着衣服受刑。

有一个很有趣的故事,讲到了诗人让·德·门尼。因为指责某些贵夫人的贞洁,他遭到了逮捕、审判。作为对其罪行的惩罚,当局下令,把他脱得一丝不挂,让那些被他诽谤名誉的贵族夫人们手执皮鞭,抽打他赤裸的身体,以此获得她们的补偿。在鞭打开始之前,德·门尼请求王后——是她下令采取这种惩罚形式的——恩准自己的一个要求,王后很大度地答应了这个请求。诗人带着颇有讽刺意味的幽默感,请求让她们当中最棒的妓女出列,第一个动手抽打他。似乎用不着加上一句:这第一下抽打并没有实施。

与刑罚鞭笞相关联的一个最显著、最重要的特征,是针对最轻微犯罪的惩罚的严厉性。在希伯来人、埃及人及《旧约》中提到过的其他古代民族当中,很明显就是这样;在罗马人及其他一些早期的文明种族中肯定是这样;而在英国、法国、德国、俄罗斯、中国以及其他国家,直至相对晚近的千百年里,确实就是这样。

关于这一点,最好的例子莫过于臭名昭著的《鞭笞法案》,它在1530年亨利八世统治时期被添加到法令全书中。那是专门设计用来遏止流浪的一部法令,它规定:任何一个在现行中被逮了个正着的流浪汉，都应该被拖到最近的有集市的镇子上，"赤身裸体地绑在一辆马车的尾部，用皮鞭抽打，穿过每个集镇或其他地方，直至其身体由于这样的鞭打而出血"。这一残忍而血腥的行为一直施行了大约50年。接下来做了一些修改。绑在车尾的做法在很大程度上终止了[①]；赤身裸体的规定被废除了。打那之后，罪犯被允许多少穿点衣服，绑在一根柱子上执行鞭打。正是在这一时期，英国各地几乎所有的城镇乡村都竖起了鞭刑柱。它们的数量和流行程度，可以从约翰·泰勒的下面这几行诗中看出：

　　在伦敦，一英里的范围之内，我想，

◆ 英格兰的鞭刑柱

---

① 在英国，绑在车尾鞭打的做法直到19世纪初才最终被废止。最后一项此类性质的判决在1822年5月8日执行，当时，一个叛乱者由行刑者一路鞭打，穿过格拉斯哥的街道。

足足有 18 座班房或监狱,

以及 60 个鞭刑柱、足手枷和囚笼。

无数的男男女女因为一些鸡毛蒜皮的过错而受到残酷的鞭打,比如沿街叫卖、在礼拜日醉醺醺、参与一场骚乱,等等。研究历史记录显示,1641 年在埃克尔斯菲尔德,人们花 4 便士请一个女人去鞭打一个名叫埃伦·肖的人,此人被指控犯有重罪;1689 年,一个女人在伍斯特受到鞭笞;1690 年在达勒姆,埃莉诺·威尔逊因为在礼拜日醉酒,"在集市上被公开鞭打,时间在 11 点至 12 点之间"①;据伍斯特公司的记录,1759 年,以 2 先令 6 便士的报酬请人鞭打伊丽莎白·布拉德伯里,但《记录与质疑》(*Notes and Queries*)的一位记者说(1852 年 10 月 30 日),这笔钱大概还包括"租马车的费用,通常是 1 先令 6 便士";1699 年,伯纳姆教堂的登记簿中有一个条目,记录了鞭打"本杰明·斯马特以及他的妻子和孩子,他们都是流浪乞讨者"②。据《大英百科全书》(*Encyclopaedia Britannica*)第 11 版"鞭笞"条目的作者说:"1598 年的复活节,德文郡的地方法庭下令鞭打私生子的母亲,被认为是父亲的人也要接受同样的惩罚。"1325 年,因巫术而审判艾丽丝·凯特勒夫人的时候,她的一位伙伴一直在受鞭打,直到她出具了一份把艾丽丝夫人和自己卷入其中的招供。1690 年

---

① 威廉·安德鲁斯:《旧时的惩罚》(*Old Time Punishments*),伦敦,1890,第 156 页。

② 同上书。

亨廷顿郡大斯托顿的镇参议会授权支付8先令6便士,雇人看守并鞭打一个女疯子;也是在这个小镇的记录中,大约20年后出现了这样一个条目:支付8便士给一个名叫托马斯·霍金斯的人,请他去"鞭打两个患有天花的人"。这种做法,表面上相信鞭笞是治疗疾病和过错的万灵妙药,里面有一点幽默的元素,尽管有些冷酷。但那位臭名昭著的杰弗里斯法官所下达的那份残酷的指示中,却看不出丝毫的幽默。这份指示是下达给负责鞭打一个女人的行刑人,这位人面兽心的法官对她做出了这样的判决:"行刑人,我命令你对这位女士给予特别的关注。要痛快淋漓地鞭打她,鞭打她直至血流如注!那是圣诞节,对于一个脱得精光的夫人来说是一个寒冷刺骨的时节。请注意,你要让她的双肩彻底暖和起来。"而在詹姆斯一世统治时期,上议院因为"不敬的言论"而对天主教徒弗洛伊德所做出的那份判决中,我们所看到的,只有那种最明显的凶狠、冷酷的虐待狂式的残忍——这是一份终身监禁的判决,之前还要在前额上打上烙印,并绑在车尾上鞭打示众,从舰队街到威斯敏斯特厅。1820~1823年的《珀西趣闻》(*The Percy Anecdotes*)以"让公主蒙羞"为标题,一字不漏地刊载了关于这一非常事件的详细记述,文章如下:

> 当布拉格城被从波希米亚伯爵(他娶了伊丽莎白公主为妻)手里夺走的消息传到英格兰的时候,有人听到爱德华·弗洛伊德先生(他是个罗马天主绅士,当时碰巧被监禁在舰队街)评论道:"好主人伯爵如今被扫地出门了。"并发

◆ 在鞭笞的同时游街示众

表了另外一些诸如此类的不敬言论。这些言论被广为流传，它们被认为是如此罪大恶极，以至于议会两院都认为，有必要严肃对待。上院的诉讼档案中，唯一留下来的记录是判决；下院的记录都被保存了下来，作为后世子孙的启迪。出庭的证人证实了这些话，并说弗洛伊德在说这些话的时候表情非常下流。有人进一步证明，他是个"邪恶的天主教徒"，是个"缺德的家伙"，以及诸如此类。面对别人指控他拿"好主人伯爵"这样地位高贵的人的不幸开玩笑，这个可怜的家伙无话可说，百口莫辩。罪行得以确立，关于议会应该对这个最可耻的罪犯施加什么样的惩罚，产生了一场非常奇怪的争论。罗伯特·菲利普斯爵士的观点是：既然他的罪行是无限的，那么对他的惩罚同样可以是无限的。"应该让他倒骑在马背上，从威斯敏斯特到伦敦塔，在他的帽子上粘一张纸，上书'一个故意让陛下的孩子蒙羞的天主教恶棍'，在伦敦塔,不能让他住得太舒适,要让他受点苦痛,但又不至于危及他的生命。"弗兰西斯·西摩爵士更坚持"议会的特权和权力。他会让人剥光他的上衣,把他绑在车尾,从威斯敏斯特到伦敦塔,脖子上挂着他的念珠,同时让人用皮鞭抽打他,有多少颗念珠,便抽打多少下"。爱德华·吉尔斯爵士认为,除了鞭打之外,还应该让他站颈手枷。弗兰西斯·达西爵士"想让他的舌头烧穿一个洞,因为那正是他用来犯罪的器官"。杰里米·霍西爵士认为应该索性把舌头割掉。乔治·戈林爵士对前面这些仁慈绅士们的观点一个也不同意。"他想让人把他的鼻子、耳朵和舌头统统割掉;并且,

◆ 站颈手枷

他的念珠有多少节，就鞭打多少下，让他倒骑在马背上，把马尾巴抓在手里，每走一段就吞下一粒念珠；同时一路接受鞭打，直至到达伦敦塔，再在那里把他绞死。"约瑟夫·杰夫森爵士提议："可以任命一个特别委员会，来考虑大家所说到的最严厉的惩罚。但因为他觉察到了议会倾向于宽待，他想让他受到变本加厉的鞭打。"等等。争论没有达成任何明确的一致便休会了。在重新开会之前，上议院认为，自己不能仅仅分享惩罚"一个如此卑鄙、如此不忠的臣民"所带来的荣誉，于是反对下议院僭取惩罚权，因为那是侵犯他们的特权。下议院在经过漫长而激烈的争论之后，最终在议事录中插入了一段抗议之后，被迫放弃了他们的观点。弗洛伊德如今被交给了上议院去处理，他们同样"倾向于宽待"，因此宣布了下面的判决：1. 该爱德华·弗洛伊德将不能作为一位绅士入伍效力，他将永远被视为声名狼藉的人，他的证词在任何法庭或讼案中都将不被采信。2. 在下周的礼拜一早晨，他将被带到威斯敏斯特厅，在那里被置于马背上，面朝马尾的方向，把马尾抓在手里，头上和胸前粘上纸，上书他所犯下的罪行。这样骑马至齐普赛街的颈手枷处，在颈手枷上站两个小时，然后再在他的前额上烙上字母K。3. 他将在下个开庭期的第一天被绑在车的尾部接受鞭打，从舰队街行至威斯敏斯特厅。在他的头部粘上纸，上书他所犯下的罪行，然后在那里的颈手枷上站两个小时。4. 他将被处以5000英镑的罚金，敬献给国王。5. 他将被押至新门监狱，终身监禁。这份毫无人性的判决被执行了,除了第三条之外;根据威尔士亲王(后来的查理一世)的提议,这一条被暂停执行,至于暂停至什么时候,则要看议会的高兴。还有一点值得注意:对这些做法,唯一提出反对的人是国王。他让人给下议院送去了一封信,信中,在对他们的忠诚恭维一番之后,他以特有的精明评论道:"过于巨大的热情总是出自异端。"并补充道,出席辩论的律师们是不可原谅的。①

我之所以抄录这份案例报告,包括下议院争论的细节,是因为我很怀疑,是否还能找出比这更生动直观的例子,说明那些被选择来行使审判权的人是如何严厉而残忍,是如何行使和公然滥用他们的权力。

还有很多凶残地鞭打男人和女人的实例——既有政治犯罪,也有其他的罪行——遍布于英国的历史记录中,并给这些记录抹黑。似乎很少有任何一丝对人类弱点的宽恕进入那些端坐于审判席上的大人们的灵魂。然而,在查理二世时代,约克公爵干预了这样一宗案子——他救了索菲亚·林赛夫人,使她免遭在爱丁堡游街示众的同时被当众鞭打,她所犯下的罪行是帮助她的公爹阿盖尔伯爵逃走。

或许,记载中最残忍的鞭打是杰弗里斯对塔特钦的判决,他被判处7年监禁。在此期间,每一年都要让他在多塞特郡的每一

---

① 《珀西趣闻》,由鲁本·珀西和肖尔托·珀西搜集和编辑,1820~1823。

座城镇游街示众，同时接受鞭打。有人估算，这一判决"意味着他在 7 年的时间里每一年要被鞭打 14 天"。接下来有对丹泽菲尔德的鞭打，一路从艾德门鞭打至新门，鞭笞是如此凶残，以至于几天之后他就被打死了。还有就是用一根六股的鞭子鞭打泰特斯·奥茨，也是遵照前面提到过的那位虐待狂般的杰弗里斯法官的判决，一直鞭打到这位犯人都没法挪动自己的脚。

◆ 泰特斯·奥茨站颈手枷

在某些实例中，尤其是当公众反对鞭打妇女的情绪开始被激发起来的时候，对女性的鞭笞被限制在监狱的范围之内。因此我们发现，1792 年，在朗塞斯顿，一个女贼被下令"剥去衣服至背部裸露，秘密地把她鞭打至出血"。而在同一时期的同一法庭上，对一个男贼做出了类似的判决，不同的是，对他的鞭打必须"在

大街"进行。① 然而,并没有这样的政府法规规定对女人的体罚要在私下里进行。此事留给了相关地方当局酌情决定,但在英国的大部分地区,公开对女性执行鞭刑一直持续到了彻底废除女性体罚的法案获得通过。

在19世纪初期,澳大利亚的流放殖民地是普遍使用鞭刑的地方,就其野蛮凶残的程度而言,足以媲美16世纪的英国或奴隶制时代的美国南方各州所施加的最严酷的鞭刑。乔治·E.博克索尔在《澳大利亚丛林居民的历史》(History of the Australian bushrangers)一书中写道:

> 据说,在悉尼有两个鞭刑行刑人被认为是他们这个行当里的艺术家。这两个人总是一起行刑,一个在左,一个在右。他们对自己的手艺颇为自豪:在鞭打一个人的时候能够做到让皮肤完好无损,因此不会流血。但受刑者的背部却被描述为像"膨胀的牛肉"一样肿胀起来。肿胀处"像果冻一样颤颤悠悠",其效果在很久之后依然能感觉到,持续时间远远长于割开或划破背部通常所造成的后果。因为有人告诉我们,在悉尼兵营广场的地面上,周围竖立着一些三戟刑具,被人血所浸透,其他地方的鞭刑行刑地想必也是同样的情形。

---

① 《记录与质疑》第7辑第10卷,1890年8月30日。

◆ 澳大利亚流放殖民地遗址

说到这些鞭笞的可怕特性，以及它们所带来的、很多囚犯都深有感触的致命恐怖，最有说服力的证据莫过于下面这个事实：为了逃过这一惩罚，这些囚犯总是故意毁伤自己的手足。在前往澳大利亚的阴郁沉闷的旅途中，这些囚犯——男人、女人和孩子——一路上被以各种鸡毛蒜皮的借口而遭到鞭打，险些送命。到达流放殖民地之后，他们还要反复受到鞭笞、敲打和折磨。下面的记述生动描绘了当时流行的方法，并显示了这样残忍的惩罚被用来对付的罪行是多么微不足道：

> 这里有一些保存在岛上[①]的政府公报中的条目。"1844年。囚犯理查德·亨利因为违抗命令，并因为试图捏造罪名，指控沃德·麦克丘斯基不公正地对待囚犯，而接受了200下

---

① 这里指的是诺福克岛，澳大利亚的流放殖民地之一。

鞭打。"更早，1842年11月5日，"詹姆斯·麦克唐纳被判接受100下鞭打，并戴镣铐劳动3个月；詹姆斯·埃利奥特接受75下鞭打，并戴镣铐劳动3个月，因为有人看到他通过暗号与其他人互相联络，当时，哑语在这伙人当中被禁止。"另一个条目说："托马斯·唐尼因为违抗命令并拒绝工作而被下令打入黑牢监禁7天，并接受200下鞭打。"①

在17世纪的美国，鞭笞是一种最受青睐的刑罚，被用来惩罚各种各样的罪行，无论男女都要在鞭子之下受皮肉之苦。《纽约公报》（New York Gazette）有一个这样的条目，日期是1875年5月14日：

> 上个礼拜二，一个名叫戴维·史密斯的人因为从本城一家商店的橱窗里偷东西，而在市长法庭被定罪。他被判处绑在车尾绕城一周，同时接受鞭打，然后再在颈手枷上接受鞭打，判决被遵照执行。②

1636年6月，赫林·比林顿"在普利茅斯因为诽谤而受到鞭打"；同一年，罗杰·科内利森因为偷窃而"当众受到鞭打"；1643年，一个名叫罗杰·斯科特的人因为"屡次在主日呼呼大睡，

---

① 萨谢弗雷尔·西特韦尔：《生者与死者的舞蹈》（Dance of the Quick and the Dead），伦敦，1936，第381页。
② 转引自艾丽丝·莫尔斯·厄尔的《旧时的古怪惩罚》（Curious Punishments of Bygone Days），伦敦，1896，第80页。

并殴打叫醒他的人",而受到"严厉鞭打"。①

◆ 伦敦的感化院

在英国及其他国家的感化院里,鞭笞一直是特别受青睐的惩罚形式。"感化院"(Bridewell)这个名字最早被应用于伦敦的一家囚犯工厂,它坐落于圣布莱德水井(St.Bride's Well),是爱德华六世国王在1553年为伦敦城修建的。它的目的——用里德利主教的话说——是"为了收容妓女和懒汉,以及毁灭一切的暴乱者,还有不愿意在任何地方居留的流浪汉"。在一幅悬挂于囚犯工厂的国王画像的下方,有这样这几行字:

　　谨此纪念爱德华六世,

---

① 转引自艾丽丝·莫尔斯·厄尔的《旧时的古怪惩罚》(Curious Punishments of Bygone Days),伦敦,1896,第79、74页。

> 他集伟大与仁慈于一身，
> 他为我们建了这座感化院，古时候的一座宫殿，
> 作为惩戒流浪罪的矫正院。

被送到感化院的年轻男女看来都曾以最微不足道的借口而受到严酷的鞭打。他们因为违犯规章制度而被剥光衣服，在监狱长官的面前接受鞭打；他们在监狱里工作的时候，因为最轻微的挑衅和最轻微的冒犯而受到鞭打。甚至直到相对晚近的19世纪，据《感化院里的内尔》一书揭露，在德国南方的某些监狱里，年轻姑娘们在进入和离开监狱的时候都要遭到无情的鞭打，这些鞭笞常常在大庭广众之下执行。作者描写了一个15岁的不幸男孩如何被牢牢绑在鞭刑长凳上接受鞭打，充当鞭子的桦条是为此而特地准备的，事先在水中浸泡了几个小时，照着他裸露的臀部抽打，直至血顺着他的大腿流下来。所有这些可怕的惩罚，不是因为任何犯罪，不是因为任何行为不端，甚至也不是因为违反规则或制度，而是因为一种需要医学治疗和同情的痛苦，即由于小便失禁导致的夜里尿床。

很多送到感化院里来改造的女孩子和成年妇女都是街头妓女，给予她们的惩罚的一部分，就是在监狱长官以及能够凭借权势或行贿而获准进入的公务人员的面前用桦条抽打。似乎有些奇怪的是，由于目睹鞭笞被看作是一项娱乐，在当时的上流社会女士们当中颇受欢迎——这些"年轻漂亮的东西"成群结队地去观看过失者挨鞭子，很像她们今天去观看拳击比赛。据内德·沃德在《伦敦密探》(The London Spy)中说,在感化院,男女囚犯都被剥得赤条条一丝不挂,在狱长法庭面前接受鞭打。

◆ 妓女在感化院参加劳动

关于感化院里的鞭笞,有很多生动的记述散见于文学作品中。丹尼尔·笛福在《杰克上校传》(Life of Colonel Jack)中,借笔下的一位人物之口,描述了对一个参与绑架儿童的团伙首领——他也只是个少年——的鞭打。他被鞭打得直至"像个孩子一样顿足捶胸、手舞足蹈、大喊大叫"。接着,叙述者继续说:

> 我得承认,我险些被吓死了;因为我尽管不能离得足够近,好看清他是如何被处置的,然而我后来看到他的后背上满是鞭痕,有几个地方还出了血。我想,看到这些我大概要死,但是,后来我对这些事情更熟悉了。当我有机会去看他的时候,我尽自己最大的能力安慰这个可怜的船长。但对他

而言,最糟糕的事情并没有结束,因为他还要接受两次鞭打,才能被放过。事实上,他们如此严厉地鞭打他,以至于使得他在很长的一段时间里非常厌恶拐骗儿童的生意。

不过,说到以公正的名义施加给男孩和女孩们的那些可怕的、非人的残忍行为,所有的描写都超不过前面提到过的莱因哈特那本《感化院里的内尔》。其中一篇记述了一个女监用桦条抽打一个名叫迈娜的14岁女孩。女孩四肢伸开躺在鞭刑长凳上,一个助手把她按住,她的衣服被掀起,鞭打她裸露的臀部和大腿,直至皮开肉绽,血肉模糊。这孩子的尖叫声在整个大楼里回荡。但监狱长没有做任何表示让这一残忍的行为停止下来。相反,鞭打一直继续,直到第二根桦条都被打断了。

感化院里使用最普遍的两种鞭子,是牛鞭和桦条。牛鞭富有弹性,可以承受巨大的拉力,实在是一件可怕的武器,被留作更严厉的惩罚使用。在一个大力士的手里,它不仅力度巨大,而且还危及四肢乃至生命,必须小心翼翼地避免抽打坐骨或脊椎的下端。在所有平常场合,桦条都是首选的工具。这实际上是把一束精心挑选的桦树枝条,一端绑在一起,固定在一个手柄上。凶残的行刑人总是在执行鞭打的前一天把桦条浸泡在醋和盐里,这将会极大地增加鞭打所导致的疼痛。

千百年来,鞭子一直是一种特别受青睐的惩罚妓女的手段。在《古兰经》中,穆罕默德规定,用鞭子抽打100下,作为对妓女和皮条客的惩罚。在法国的比塞特和萨彼里埃这两所性病医院监狱,患病的女人在进入、离开的时候都要受到鞭笞,在监禁期间还要多次受到鞭打。一度,法国的老鸨在被发现并被逮住的时候,就要让她骑上毛驴,背着一块牌匾,上书她的罪行,游街示众,一路上接受鞭打,走向监狱。在意大利,妓女被烙字,并受到鞭打。在西班牙,她们被剥得一丝不挂,用桦条抽打。在德国的查理曼大帝时代,任何男人只要被发现跟妓女在一起,他就必须把她扛在肩膀上,走向鞭刑长凳。然而,这些措施就像所有试图压制或惩罚卖淫的努力一样,也是偶尔为之,像抽风似的一阵阵的,而且在某种程度上也是半心半意的。这样的努力,总是夹在卖淫被容忍、偶尔被许可甚或是被美化的不同时期之间。①

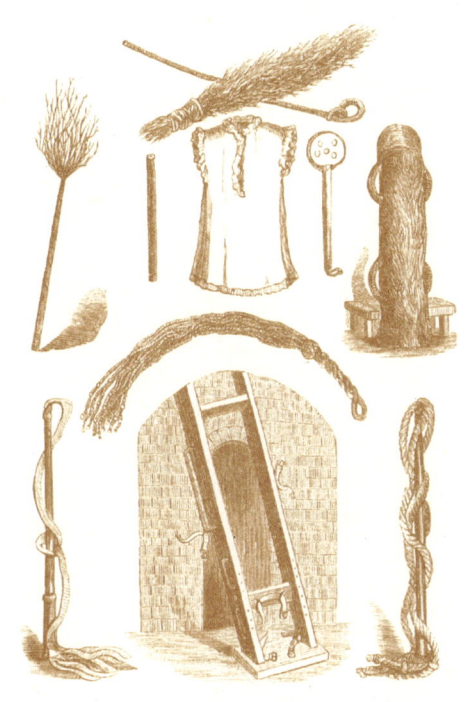

◆ 各种鞭笞刑具

---

① 关于试图取缔卖淫的徒然努力,对卖淫的管制,以及它的兴衰起落,完整的故事可参看我的《卖淫的历史》(*A History of Prostitution*)一书。

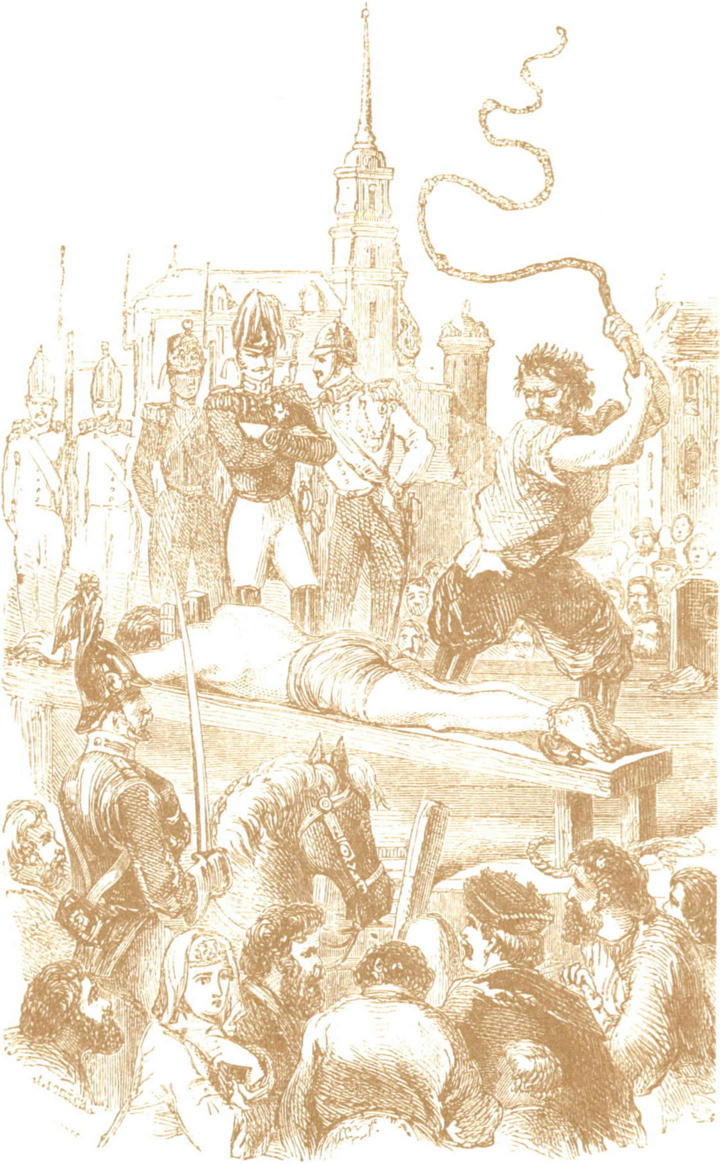

◆ 俄国人的木柄皮鞭

在布朗托姆的《回忆录》(Memoires)中，有一篇记述，讲的是法国宫廷成员、王后的御前侍女里米尤尔小姐因为写讽刺诗而受到鞭笞。同样是这部权威著作，给我们讲述了西班牙宫廷小丑勒加特因为在王后面前发表了某些风味不佳的评论而遭到鞭打。

说到鞭笞，世界上没有一个国家像沙皇俄国施行得那么广泛，那么野蛮，那么具有报复性。正是在俄国，第一次使用了令人闻风丧胆的木柄皮鞭。它通常由几股扭在一起的生皮带组成，终端有一股伸出，比皮鞭主体长出大约18英寸。变种有很多，依据行刑者残忍的古怪念头而设计。在某些情况下，他们把金属丝跟兽皮编织在一起；在另外一些情况下，则给每一股皮带的末端绑上环和钩；还有一些实例，挥鞭者那野蛮残忍的虐待狂本性使得他把皮鞭放入水中或其他液体中浸泡，让它结冰，从而使之变得更加坚硬。在俄国广为使用的另外一种形式的皮鞭被称作"普莱蒂"(pleti)，是由三股生皮条组成，每一股各绑了一个铅球。它是尼古拉斯皇帝引入的，作为木柄皮鞭的替代品；但很有可能，普莱蒂和木柄皮鞭都被不加选择地任意使用。① 在彼得大帝统治时期，最高惩罚被定为用木柄皮鞭抽打101下。这种鞭笞是如此严厉，以至于就连最强壮的人也休想在皮鞭之下侥幸逃生。事实上，在很多案例中，以及对某些犯罪来说，受害人几乎

---

① 尽管木柄皮鞭起源于俄罗斯，并跟俄国的刑法密切相关，但在拿破仑1814年的俄罗斯战争之后，它也被使用于法国及其他欧洲国家。在1845年之前，它一直在俄国被普遍使用。打那之后，木柄皮鞭和普莱蒂就被保留给西伯利亚的流放地专门使用。

都被鞭打至死。行刑人必须跟人学徒，学习这门残忍而恐怖的营生。他装备着令人闻风丧胆的武器，既能够通过使脖子脱臼让人立毙于鞭下；也可以通过严重伤害胸腔和内脏，使人在几天之内一命呜呼。使用木柄皮鞭抽打并不仅仅限于男性囚犯，女人也被判决施行这种令人恐怖的惩罚。拉普钦夫人的故事，为打着正义幌子的极端残忍提供了一个惊人的实例，而且这种残忍针对的是一个女人。

这位夫人很有教养，而且天生丽质，是伊丽莎白宫廷中的一员，卷入了对一位外交公使叛国的审判。连同货真价实的共谋者一起，她也被判处流放，并在流放之前接受鞭笞。在一大群旁观者的面前，美丽的拉普钦夫人被剥光了上身，用可怕的木柄皮鞭抽打，直至腰部以上体无完肤、血肉淋漓。最后，她被割掉了舌头，流放西伯利亚。那年头的俄罗斯有那么多人在那里遭遇了在劫难逃的厄运，但她却奇迹般地逃出了死神的魔掌。

有很多大名鼎鼎的男人和女人因为名副其实的或子虚乌有的阴谋而被鞭打至死。被警察或政府密探逮住的民粹主义者和无政府主义者都是这样的下场。接下来有欧多克西亚皇后，被判处鞭笞、监禁，并没收全部财产，因为怀疑她通奸。还有诗人普希金，他曾依据沙皇的命令而受到鞭打。还有彼得大帝的儿子，据说，他被自己的父亲鞭打至死。

在所有文明国家当中，俄国可以算得上是一个这样的国家：它不仅残酷无情地使用鞭子，而且跟任何其他国家比起来，它使用的时间要长得多，适用的犯罪种类也多得多。

鞭刑柱·颈手枷 5

下面这篇目击者记述鞭打男人和女人的报道,读起来实在令人难过:

> 当仁慈的霍华德在彼得堡的时候,他目睹了一男一女两个罪犯承受鞭打惩罚的经过。他们被大约 15 个轻骑兵和 10 个步兵从监狱里押送出来。当他们到达行刑地的时候,轻骑兵们绕着鞭刑柱组成了一个圆圈。咚咚的战鼓敲打了一两分钟,接下来重复了一些祈祷,围观的百姓脱下帽子。女人首先受刑,在粗暴地剥光了她的上身之后,便用绳子把她的手和脚绑在鞭刑柱上。仆人陪伴着行刑人出现了,他们俩都是粗壮结实的家伙。仆人首先上场,对准女人的后背抽打了 5 下,每一下似乎都深刺入肉。但他的主人认为他太温和,于是把他推到一边,取而代之,亲自完成了剩下的鞭数,明显地更加严厉。女人接受了 25 下鞭打,男人是 60 下。霍华德先生继续说:"我极力穿过了轻骑兵,当他们用粉笔把鞭打数记在一块特地为此准备的木板上的时候,我计算着鞭数。两个罪犯看上去似乎奄奄一息,尤其是那个男人,他剩下的力气仅够以某些感谢的手势接受一份小礼物。几天之后,我看到那个女人非常虚弱,而那个男人却再也找不到了。"[①]

就对鞭笞的绝对热爱而言,仅次于俄罗斯的是中国。中国人

---

① 《珀西趣闻》,1820~1823。

所使用的劈开的竹棒,没有俄国人的木柄皮鞭那么可怕。竹板锐利的边缘能让人皮开肉绽,造成可怕的伤口。一点也不奇怪,作为这些鞭打的结果,死人的事情经常发生,而且,那些侥幸逃过鬼门关的人所受到的伤害是如此严重,以至于他们的余生都会落下残疾。

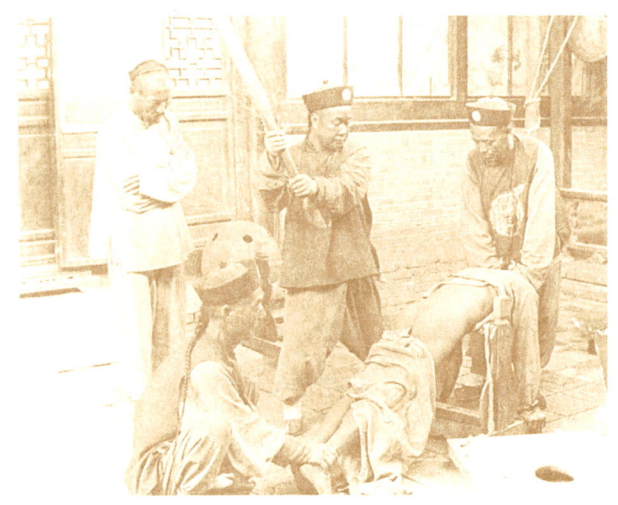

◆ 中国人的打板子

除中国之外,其他国家也使用棍棒。在那些惯于使用鞭子的国家,棍棒常常被用作可选的惩罚形式,或者针对某些特殊的罪行。在某些情况下,特别是在那些棍棒或笞杖构成了惩罚工具的地方,臀部并不是刻意选择的挨打的位置。比如在土耳其,就是用棍棒击打赤脚的脚底。

随着文明的发展,一种更人道的精神开始呈现出来,尤其是对待女性。1817年,英国当众鞭打女人的最后一个记录在案的实例发生在苏格兰。这个年轻女人的罪行并不比醉酒和举止粗鲁更可耻。作为惩罚,她要先后三次接受鞭打,同时从因弗内斯的大街上穿过。正是在这一年,当众鞭打女性被议会法案所废止。①接下来,1820年,议会通过了《鞭笞女性罪犯废止法案》,彻底禁止鞭打妇女,无论是秘密地还是公开地。正是根据英国的这部法案,霍联合济贫院院长詹姆斯·迈尔斯被起诉,并被解除职务,理由是鞭打该济贫院的女孩子。

在法国,拉莫特伯爵夫人因为偷窃一根钻石项链而受到鞭笞,似乎是最后一个记录在案的公开鞭打女性的实例。这位漂亮的伯爵夫人,脖子上套着一根缰绳,被剥得一丝不挂,绑在一辆马车上,接受鞭打。然后,在肩膀上烙下了字母V,送进了萨彼里埃监狱。

迟至1899年,在美国的某些监狱里,鞭笞似乎依然是一种常见的惩罚形式。著名枪手和火车大盗阿尔·詹宁斯是俄亥俄州监狱的一名囚犯,同时入狱的还有威廉·西德尼·波特,此人后来以欧·亨利这个名字在文学界挣得了不朽名声。根据詹宁斯的证词,人们因为某些违反狱规的"罪行"而"被鞭打至出血"。最令人闻风丧胆的惩罚形式被称作"七十五",詹宁斯证实,有一个囚犯死于这样的毒打之下。受害人手脚都被绑住,牢牢固定在一个水槽上,用边缘锋利的"扁条刑杖"抽打,直打得他血肉横飞,伤筋动骨,成了一堆血肉模糊、人事不省的东西。

---

① 《记录与质疑》(1882年10月21日,第338页)的一位撰稿人声称:"迟至1811年,他还目睹了一个女人被绑在车尾穿过伦敦的大街,同时接受鞭打。队伍经过舰队街和圣殿酒吧楼下,停在了道路的宽阔区域和圣克莱门特教堂东头的开阔地上,在那里结束了惩罚。"

在美国的很多囚犯营里,鞭笞一直是惯用的惩罚形式,直到民愤的洪水把它扑灭。在1915年5月15日的《调查》(*Survey*)杂志上发表的一篇文章中,W.D.桑德斯给出了一幅令人心碎的图画,描绘了在调查北卡罗莱纳州帕斯库塔布克县的囚犯营期间所揭露出来的情况:

> 用18英寸长、2英寸宽、半英寸厚的皮鞭抽打囚犯;这根皮带被固定在一根2英寸长的山胡桃木棒上。一种鞭打囚犯方法是:把他拉直在两棵树之间,背部裸露。一个看守用厚厚的毯子把受害人的脑袋蒙住,好捂住他的喊叫声。另一个看守负责鞭打。很多受过这样鞭打的囚犯将会留下终生的印记。①

◆ 鞭打囚犯

---

① 转引自《监狱改革》(*Prison Reform*),第232页。

在佐治亚州实施多年的"囚犯租借制度",是这种可怕残忍的原因。这套制度是佐治亚州的代州长鲁格将军在内战之后建立起来的。囚犯被出租或者说被"卖"给投机商,后者再转卖给劳动力的雇佣者。主要通过亚特兰大市《佐治亚人报》(*Georgian*)的编辑弗里德·L.西利的努力,舆论才迫使当局对整个制度进行了一次官方调查。在这次调查中,很多证人说自己亲眼目睹过囚犯被鞭打至死。佐治亚州的每一个囚犯营都有一位"鞭刑主管",负责记录"鞭刑登记簿"——每一次惩罚都被记录在案。调查显示,鞭刑主管习惯于"打磨"他的皮鞭,为的是让它更"刺"。一位名叫古德的看守为了鞭打一个名叫亚伯·温的囚犯而打磨了他的皮鞭。亚伯是一个16岁的白人男孩,因为偷了两瓶火腿罐头而被送进了囚犯营。亚伯被目击者描述为"一个虚弱而瘦小的家伙"。他把热咖啡泼在这位看守养的几头猪的后背上。古德让4个黑人牢牢抓住这孩子,而他则用打磨过的皮鞭抽打了57下。一位目击证人刘易斯——他是一位前立法议员的儿子——说:"我看到他跟跟跄跄地走向医院的台阶。他没法仰面躺在地上,而是趴着死去了。他们说他死于肺病。"[①]

今天,鞭笞作为一种司法惩罚的形式,在英国已经很少使用,在大多数文明种族中也很少使用。在英国的法庭上,只有在某些案子中,人们才觉得应该动用最严厉的体罚——也就是用令人胆寒的九尾鞭抽打——或者动用任何其他形式的体罚。今天,

---

① 转引自《监狱改革》,原文出自 A.C. 纽厄尔发表在《世界工作》(*World's Work*) 1908 年 10 月号上的一篇文章。

"九尾鞭"从未被用在18岁以下的青少年身上。

根据英国的法律,可以动用"九尾鞭"的某些案子,是那些与违犯监狱纪律有关的罪行,尤其是针对监狱长官的个人暴力,或者反叛行为。任何这样的案子都要在探监地方法官委员会的面前接受审判,接下来的判决还必须获得内政部的批准。

◆ 九尾鞭

眼下使用的那种"九尾鞭"有9根用鞭绳做成的"尾巴"。这些"尾巴"并不像从前那样打了结,而是在末端"缠绕"了丝线,为的是防止磨损。鞭打裸露的背部,而不是臀部。腰和脖子借助皮带来保护。有一位医生在场。在英国,囚犯的脑袋被完全蒙住,为的是不让他看见是哪位狱官在挥舞"九尾鞭"。而在苏格兰,则没有使用诸如蒙住脑袋之类的方法。

可以判处鞭刑的罪行还有：暴力抢劫①；罪犯被认为是个"屡教不改的恶棍"②；试图通过发射火器或使用其他武器来伤害或惊吓君主；以及某些违背道德的罪行，其中，"贩卖白奴"、男性拉皮条和有伤风化是最常见的罪行③。

内政部长在议会回答质询的时候声称，1933年下令接受体罚的人数是49个④，其中5个实例是因为违犯监狱纪律。

自治领事务大臣在下议院回答质询的时候说，在1931至1935年间，南罗得西亚地方法院鞭刑判决的数量分别是：1931年418例，1932年511例，1933年676例，1934年683例，1935年722例。⑤不难看出，这些数字显示了稳步上升的趋势。

根据《英格兰和威尔士刑事统计》(1935)，鞭笞作为一种对犯罪的惩罚，存在增长的趋势。在1904~1913这10年的时间里，巡回法庭和地方法院判决接受体罚的人数为1414宗暴力抢劫定罪中的61人；而在最近10年（1926~1935），总共656宗定罪中，涉及鞭笞的判决有235人。

在青少年犯罪中，桦条依然可以使用，只不过受到某些限

---

① 这些案子受1863年的法案管辖，但这部法案不适用于苏格兰。苏格兰没有针对成年人偷窃的鞭刑。
② 1824年的《流浪法案》。
③ 这些案子归1898年的《流浪法案》和1912年的《刑法修正案》（白奴贸易法案）管辖。
④ 总共49例鞭刑当中，42例是因为暴力抢劫，或者带有抢劫意图的攻击。
⑤ 1837年7月28日的《下议院报告》(*House of Commons Reports*)。这些数字包括了施加在白人和黑人臣民身上的鞭刑。没有可用的数字显示两个种族各自所占的比例。

制①，地方法官有权下令对任何8~16岁的少年罪犯鞭打6下。惩罚在私室中执行。在法医对孩子进行常规检查后——这样的检查是为了查明鞭打会不会危及生命——可以对年龄更小的孩子施行鞭笞惩罚：把手脚绑在三脚架上接受鞭打。②我们祖父时代的那种老式桦条——有时候放在水中浸泡使之更柔软——依然在使用。每抽打一下之后，法医会重新检查那个倒霉蛋，并在鞭笞结束的时候给予一些必要的治疗。通常由一位警察挥舞桦条，父母或监护人有权到场，③但在某些情况下，法庭允许父亲当着警察的面执行法定判决。

尽管现如今像鞭打大人那样鞭打孩子跟过去比起来算是罕见了，但依然有迹象显示——正如W.N.梅普尔医生在英国医学协会1937年的会议上所声称的那样（内政部的报告也证实了这一点）——"在过去几年里，由警察施加的体罚有了很大的增长。"

内政部的报告给出了即决裁判法院针对14岁以下儿童鞭刑判决的数字。这些数字显示，1912年约有2000例，而1916年和1917年分别增长到了4000例和5000例。1920年之后，这个数字迅速下降。在最近这些年，鞭刑的数量一般不超过200例，但1935年有218例。13248个犯有可诉罪行的14岁以下孩子当中，有218个孩子被判决处以鞭刑。这被归因于他们碰巧被带到了少

---

① 1933年，有人试图根据《儿童和青少年法案》中的规定，废除授给地方法官的可以下令鞭打孩子的权力，但这一努力被上议院否决了。

② 这一程序在不同的地区有所不同。在某些情况下，孩子被按在长凳或桌子上接受鞭打。在所有情况下，鞭笞都是对准裸露的臀部。

③ 父母到场的权利不适用于苏格兰。

数依然求助于这一矫治方法的法庭面前。

千万不要忽视了最后这段话的意义。它清楚地显示了这套惩罚制度中所彰显出来的不公正。这一制度任由像鞭笞这样一种羞辱和贬低人格的惩罚形式取决于地方法官个人的一时兴起。一个儿童罪犯是否应该处以鞭刑,这个问题并不取决于他所犯下的违反法律或道德的罪行之性质,而是取决于他碰巧生活的那个城镇或地区的生效判决。因此,从内政部的报告中我们得知,伦敦少年法庭以及伯明翰、利物浦、谢菲尔德、布里斯托尔、布雷德福、利兹、纽卡斯尔、诺丁汉、朴茨茅斯、莱斯特、索尔福德、加的夫和普利茅斯等地的少年法庭,在1935年根本没有判决过一例鞭刑。另一方面,我们发现,就在同一年,温莎少年法庭的35个少年犯当中,有两个人被判决由缓刑监督官进行监管,并鞭打7下;沃拉西的110个少年犯当中有38个人被判接受监管和14下鞭笞;莱姆斯盖特的40个少年犯当中有8个人被判接受监管和2下鞭笞;阿克宁顿的23个少年犯当中有1个人被判接受监管和2下鞭笞;布莱克本的102个少年犯当中有30个被判接受监管和2下鞭笞;沃灵顿的55个少年犯当中有3个人被判接受监管和6下鞭笞。

很多法官和地方法官无论何时何地,只要法律允许,都会做出鞭刑判决,而且几乎用不着怀疑,只要可以处以鞭刑的犯罪数量有所增长,鞭刑的使用也就更加常见。

即使在相对较晚的那些年,也还做出了一些野蛮的判决。因此,1909年,一位65岁的老人"因为乞讨,而且是个屡教不改

◆ 囚犯被绑在车尾鞭打

的恶棍",在米德尔塞克斯郡治安法庭上被判决"鞭打12下"。这一判决被内政大臣赫伯特·格莱斯顿先生赦免了,他于那一年的5月18日在下议院声称:"如果像这样的判决多起来的话,立法的机会就会出现。"①

在莱斯特地方法庭,迟至1936年1月,还有一个15岁的男孩因为入室盗窃,而被莱斯特地方法官保罗·E.桑德兰兹判决鞭打12下。据1936年1月15日的《每日邮报》(*Daily Mail*)说,警察"在发现自己成为这样一项判决的行刑者的时候不免有些犯愁,因为莱斯特已经20多年没有过鞭刑,他们根本没有像桦条之类的东西"。《每日邮报》补充道:"这件案子在地方上引发了一场愤怒的风暴。"

1937年6月29日,在曼彻斯特巡回法庭上,阿尔伯特·亨利·西蒙斯因为"暴力抢劫"而被刘易斯法官判处9个月监禁和

---

① 转引自亨利·S.索尔特:《鞭笞时尚》(*The Flogging Craze*),伦敦,1916,第70页。

12下鞭笞。①

1937年7月13日，在伍德斯托克（牛津），"一个12岁的流浪少年因为纵火焚烧伍德斯托克学会的猪舍而被判处6下鞭笞"②。

1937年7月23日，在温彻斯特的兰兹巡回法庭上，查尔斯法官判处约翰·邓恩"10下鞭笞和3年劳役拘禁，罪名是持械抢劫和入室行窃"。他还说："只要我坐在法官席上，我就愿意看到这些匪徒被扑灭。"③一个小男孩因为"把克利索普市的一个9岁大的女孩"带到一间空房子里，绑住她的手脚，并用一个绳子把她从地面上拉起来，吊在横梁上，在她掉下来的时候她的腿受了伤，而被地方法官判决接受4下鞭笞，并对他的伙伴进行心理上的检查。④

1937年5月22日，在加拿大的汉密尔顿市，地方法官詹姆斯·麦凯"判决伦纳德·曼西尼1个月监禁和5下鞭打，因为他袭击妻子"⑤。5月27日，在同一家法院，"J.霍基被指控在巴顿街的一家仓库里做出非常下流的举动，而被判决在安大略少年管教所入狱1年（确定的）加6个月（不确定的），并在监禁的第二个月接受8下鞭笞"⑥。

---

① 《每日电讯报》（*Daily Telegraph*），1937年6月30日。
② 《每日见闻报》（*Daily Sketch*），1937年7月14日。
③ 《星报》（*Star*），1937年7月23日。
④ 《曼彻斯特每日镜报》（*Manchester Daily Mirror*），1937年7月5日。
⑤ 《多伦多星报》，1937年5月22日。
⑥ 同上，1937年5月27日。

第6章
虐待狂

正如我已经提到过的那样，带着吓阻一个人重复其粗暴残忍行为的明确目的而去鞭打他，这是一回事；而把一个人鞭打至死或致残，以此作为对轻微犯罪或玩忽职守的一种惩罚形式，则完全是另一回事。

文明对很多的问题要负责。文明史上充斥着人的头脑所能设想出来的最可怕、最可恶的残忍行为。说到人类对迫害的爱好，其表现最明显的，莫过于人们对待同类的态度——如果他完全落入了自己权力的范围之内，而又毫无反叛、抵抗或逃走的希望。

◆ 吊打奴隶

奴隶所得到的就是这种待遇，自古至今，它永远是对基督教和异教的强烈谴责，是所谓文明史的一个不可抹去的污点。

贺拉斯、普劳图斯、尤维纳利斯、佩特罗尼乌斯、泰伦斯、奥维德、马提雅尔及其他人的作品，全都提供了最充足的证据，证明罗马帝国的贵族普遍鞭打奴隶。这种情况是如此普遍，以至于鞭子本身成了奴隶制的象征。奴隶的拥有者被赋予了与绝对所有权相伴而生的权力。他拥有奴隶的身体和灵魂。人被归为马、牛、狗的同类，可以根据主人的一时兴起，想打就打，想踢就踢。从生到死他都是奴隶。他因为任何犯罪或过失而遭到鞭打。他经常遭到鞭打，足以为主人的宾客提供娱乐。奴隶经常被折磨致死，要么是死于皮鞭之下，要么是作为施加惩罚的直接对象。对罗马贵族极度残忍的行为，似乎没有任何限制。他们绞尽脑汁，设计出增强鞭打严酷性的办法。他们并不满足于可怕的鞭毛所导致的划伤，于是给皮鞭绑上钉子、骨头和铅砣。

这些残忍的手段并不局限于奴隶的主人。说到女主人们对服侍自己的女仆所施加的（或导致施加的）惩罚，就其频繁度和程度而言，一点儿也不逊色。事实上，罗马帝国的大家闺秀在发明种种鸡毛蒜皮的借口、让她们的女仆们遭受痛苦惩罚上所表现出来的聪明才智，跟她们的兄弟比起来有过之而无不及。在很多情况下，由个人的失意或空想的轻慢所导致的愤怒，在惩罚和贬低女仆上找到了宣泄口。几乎每一位贵族妇女的闺房，都像法庭的审判室一样，装饰着一排排的鞭子及其他用于惩罚和折磨的装置；对惩罚必然性的预期是如此强烈，以至于在很多情况下，女仆们在服侍女主人之前都被迫把自己剥得赤条条一丝不挂，以便随时依照这些残暴贵妇的一时兴起而立即接受鞭打。就连她们丈夫的疏忽，有时候也会导致女仆遭受痛打。正是这种习性，引发了尤维纳利斯冷嘲热讽的评论：

> 如果头天夜里丈夫心冷意淡，
> 或假装睡去，或背对而眠，
> 第二天，仆人铁定要遭殃。

在大多数情况下，鞭笞是由男性奴隶来执行。但有时候也由公家的鞭笞行刑人来执行。无论是哪种情况，对那个即将遭受厄运的倒霉蛋来说，它都是一种可怕的惩罚。如果她的女主人碰巧处在一种特别残忍的心境中，鞭笞就会一直持续到这位贵妇人高兴叫停的时候为止。偶尔，她也会亲自挥舞皮鞭。

女主人总是以最微不足道的借口鞭打女仆，其动机无疑并不纯粹是渴望惩罚，当我们开始追踪性与鞭打之间的关系的时候，这一点就变得明显了。无论如何，鞭笞的严厉性和普遍性达到了这样的程度，以至于教会觉得有必要采取措施，坚决予以反对。埃尔维拉主教会议发布了下面这项法令：

> 如果一位女主人因一时的愤怒和疯狂而鞭打她的女仆，或者导致她遭到鞭打，并由于她所遭受的折磨而致使她在三天之内死亡，可以考虑究竟是故意造成，还是偶然的意外。

虐待狂 6

◆ 女主人和她的奴隶们

如果是故意造成,女主人应该被革除教籍7年;如果是意外,她应该被革除教籍5年。尽管如此,如果她生病的话,她还是可以领受圣餐。

既然有必要通过这样一项法令,这就提供了你所需要的全部证据,可以证明这些奴隶一直遭受着怎样的折磨。这样一个宗教团体,它一直赞成把人痛打得差点要了命,赞成以任何方式给人造成距离死亡只有一步之遥的损害和伤残,如今却认为阻止其女性成员惩罚过度是可取的,这提供了对那个时代残忍行为的一个最令人吃惊的解说。这项矫揉造作的法令并没有提到男性奴隶和他们的主人。推测起来,那年头的基督教对于男性奴隶被鞭打至死大概并不觉得过分。

跟这种鞭打奴隶的古代习俗有些相似的是鞭打仆人。根据同时代的历史学家的记述,英国贵族一度普遍醉心于这样的行为。当然,就"奴隶"这个词的真正意义而言,这些仆人并不是奴隶,因为他们并不是其主人和女主人的实际财产。但实际上,他们的服务条件与奴隶制相去不远,他们经常因为微不足道的过错而遭到鞭打。因此,赫里福德郡布林汉姆宫的弗兰西斯·彭诺耶夫人在1758~1760年间的日记中提到了有必要鞭打一个新来的年轻女仆,因为"她的行为举止不够恭敬"。她这样描写实际的鞭笞:

> 我的女仆迪尔拉芙在我叫她的时候走进我的房间。我吩

咐她从我婆婆的鞭柜里取来鞭子,然后跪下,请求宽恕,她流着眼泪做了这些事情。我让她做好准备,我狠狠地鞭打了她。这姑娘的肉饱满而结实,她是一个很爱干净的人——我从未如此长时间地鞭打过这样一个人,包括我自己的女儿——她们都很瘦弱,其中夏洛特还有点苍白。她说,她此前从未受过鞭打(我很想知道,她的母亲和从前的女主人如何能做到),她哭喊了很久。①

1657年,伦敦的一位牧师、艾德门的圣博托尔夫教堂助理牧师扎切里·克罗夫顿因为鞭打自己的女仆玛丽·卡德曼,而遭到起诉,并被监禁。这个女孩总是赖在床上睡懒觉,而不去干活,并偷吃牧师的糖。

古时候,打老婆像打奴隶一样司空见惯,表面上的理由是:男人的老婆就是他的财产。在《古兰经》中,穆罕默德证明了痛打不顺从的妻子是有道理的:"把她们领到单独的房间里,惩戒她们。"即使迟至19世纪中叶,布勒还认为,丈夫被赋予对妻子施加体罚的合法权利,前提条件是,他所使用的棍棒不能粗过"一个男人的拇指"。伦敦的一位地方法官在最近的一宗案子中提到了这一规则,他说,在女性已经从这一古老的规则中解放出来的今天,它不再有效。一位80岁的丈夫被指控用手杖打他36岁的妻子,被判定"犯有持续虐待之罪"②。

---

① 转引自威廉·M.库珀:《鞭笞的历史》(*A History of the Rod*),1868。
② 《世界新闻报》(*News of the World*)。

◆ 奴隶制始终跟皮鞭紧密相连

普天之下，古往今来，无论何时何地，只要存在奴隶制，皮鞭就是最受青睐的确保这些强制劳工最大工作量的手段。西班牙舰队中那些披锁戴链的奴隶，只要停下了手里的劳动就会遭到鞭打。当奴隶劳动被用于不同热带国家的可可和咖啡种植园的时候，皮鞭就被用来榨取黑人劳工那重病缠身、奄奄一息的躯体所能使出的最后一点力气。

然而，跟内战之前在美国南方各州的棉花种植园里干活的黑奴们所受到的对待比起来，现代所使用的任何形式的鞭笞是否更普遍、更残忍，这是颇值得怀疑的。这个迫害和剥削人类生命的故事，是所谓文明史上特别令人憎恶的篇章。黑人是种植园主的财产。他们就像牲口一样在市场上买卖，他们所受到的对待也像牲口一样。法律赋予奴隶拥有者惩罚和虐待其所属财产的权利，只要他们停止了几乎能导致伤残甚或死亡的工作。事实上，立法似乎更倾向于保护奴隶拥有者，而不是奴隶本人。因此，根据路易斯安那州的《民法》，"奴隶完全服从于主人的意志，主人可以矫正他，惩戒他，但不得使用异常严厉的手段，不能致使他严重伤残，也不能让他暴露于丧命的危险之下，更不能直接导致他死亡"。你或许会注意到，奴隶拥有者在选择惩罚方式上被允许有相当大的自由，实际上有很多种折磨形式可用。立法机关1740年的法案再一次给予奴隶拥有者选择惩罚方式的巨大自由，以及各种严厉惩罚的机会。其中有这样一段文字：

> 在任何情况下，如果有人故意割掉舌头、挖掉眼睛，或残忍地烫伤、灼烧任何一个奴隶，或使他丢掉任何肢体或器官，或者用马鞭、牛皮鞭、杖条或小棍抽打他，或者给他戴上镣铐，或者限制或监禁他，每一个这样的人都将因为每一项这样的罪行而被处以100英镑的罚金。

对于人的野蛮和残忍来说，一个可怕的注脚是：这样的法律，不仅获得了通过，而且奴隶拥有者也充分利用了它们。他们以人类才智所能设计出来的每一种方式，因为最微不足道的罪错，而鞭笞、殴打、折磨和虐待黑人。

费伦先生是一位作家，曾经极大地吸引了人们对黑人待遇的关注，他记述了下面这段第一手资料：

> 晚餐之前的几分钟，我的注意力被一个人凄惨的哭喊声

给激活了,还伴随着皮鞭那响亮的噼啪声。循着这声音,我发现它是从一间大门紧闭的原木马厩里传出的。透过原木的缝隙,我看到酒吧招待,连同一个魁梧结实的男人,超过六英尺高,他就是××上校。一个大约14岁的黑人男孩,赤身裸体,在接受那两个恶魔的鞭打,他们轮流使用一个马鞭。这可怜的孩子几次跪倒在地,恳求他们别杀了自己,并说他愿意去做他们想让他做的任何事情。这并没有让他们停住手里的鞭子。最后,劳斯先生来了,叫勇敢的上校和他仁慈的雇员(酒吧招待)住手,并告诉他们,这孩子拒绝遵照他的指示砍木头。××上校说,他并不知道这个黑鬼干了什么,但酒吧招待请自己帮助鞭打他;他当然要助一臂之力,他仅仅只是希望,劳斯先生在类似的情况下也会为他做同样的事情。[①]

如果奴隶在一天的时间里所完成的工作不足以让他的主人高兴,他就会被绑在鞭刑柱上接受鞭打。如果想施加更严厉的惩罚,受害人就会面朝下趴在地板上,四肢伸开,绑在铁环或钉入地面的柱子上。另一种方法是,用绳索和滑轮把受害人吊在天花板上。

程度最轻微的不服从或反抗,常常足以换来一顿痛打。说到渴望惩罚无助的受害人,渴望让他们永远蒙羞,女人一点也不比

---

① 《珀西趣闻》,1820~1823。

虐待狂 6

◆ 当众鞭打奴隶

男人逊色。

有时候,鞭打者甚至走得更远,以至于他们的上司都不得不出面干涉——尽管他们可能并不是很乐意。把一个奴隶鞭打至死,对这样的事情法律不可能完全视而不见,尽管在很多情况下,经过一场比闹剧好不了多少的审判之后,被告总是被宣告无罪。例如,1851 年在华盛顿,一位名叫詹姆斯·卡斯尔曼的上校被无罪释放,尽管有一个奴隶因为偷窃而被他鞭打至死。另一位名叫西蒙·索瑟的奴隶主就没有这么幸运了,1850 年,他在汉诺威法院因为鞭打并用其他方式折磨一个奴隶致死,而被判处 5 年劳役拘禁。

有一位牧师，对那个时代的奴隶生活多有耳闻目睹。在一本题为《铁炉》(*The Iron Furnace*)的书中，他记录了几个最后以死亡告终的鞭笞事例。他是这样写的：

> 住在霍利斯普林斯（密西西比州）的P先生有一个黑女人被鞭打至死，当时正值长老会执行理事会开会期间，我就住在他的家里。密西西比州沃特福德的C先生有一个女人被他的监工鞭打至死。不过，这样残忍的鞭笞每天都在发生。在离我的住处不到半英里的地方，F夫人把一个男孩鞭打至死。①

◆ 当众鞭打一个黑人女孩

---

① 转引自J.M.勒德洛发表在《良言》(*Good Words*)杂志上的一篇文章《美国的奴隶制》，1863年。

虐待狂 6

鞭笞的普遍性和严酷性,显示在美国内战期间为那些愿意应征参加联邦陆军的黑人做体检的外科医生们的陈述中。一位体检医生德·帕斯先生说,5个黑人当中就有1个人显示了鞭打所留下的疤痕。在有些人的身上,这些鞭痕有着可怕的特征,显示出鞭打的严酷性,有一个人身上留下了一千多道鞭痕。另一位医生韦斯利·理查兹先生声称,他检查的那些黑人当中,足足有一半人显示出鞭笞或其他惩罚形式所导致的伤害而留下的证据。

这种非人的待遇并不仅仅局限于男性。一个白人男士,对本种族的女性不管多么有骑士风度、多么宽厚仁慈,只要涉及奴隶,事情就完全是另外的样子。J.M.勒德洛先生在《良言》杂志的文章中引用了诺德霍夫特先生的陈述,他这样说到一个女奴隶:"她受到了如此不人道的对待,以至于不仅她的背部伤痕累累,而且就连她的胸部也布满了深深的疤痕,那是无情而残忍的鞭打所留下的印记。"这位作者继续说道:

> 所罗门·布拉德利描述了下面的场景,认为是他所见过的最残忍的惩罚,惩罚者是南加利福尼亚沿海地区最大种植园之一的拥有者费拉比先生。一天,布拉德利被费拉比先生院子里可怕的尖叫声所吸引,他走了过去,看到一个奴隶女孩四肢伸开趴在地上,手和脚被牢牢绑在几根木桩上。她的主人站在她的上方,用一根马具上的皮缰绳抽打她,每抽打一下即使不皮开肉绽,也会让肉肿起一块,而且时不时地当尖叫声太大的时候,就会用他沉重的马靴踢她的脸。当他筋

疲力尽的时候，我们的这位"家长"便叫人拿来封蜡和一盏点亮的灯，把炽热的蜡滴进伤口里。最后，他的手臂看上去似乎停住了，他灭掉了蜡，再一次拿起了皮鞭。两位已经长大成人的费拉比小姐，一直从楼上的窗户里注视着这一连串的动作。这个女奴所犯的错，只不过是为主人准备早餐时烤糊了蛋奶烘饼。①

说到任何时候表现出来的宽大，其背后的动机并不是对受害者的仁慈，而是担心如果惩罚留下的标记太明显的话，奴隶的市场价值就可能降低。因为鱼与熊掌不能兼得，他不可能既纵容自己虐待狂般的快感，又让伤残的奴隶在市场上卖出好价钱。

不管多大的困难，人类的智谋都能克服。而且，人类的智谋也未必专注于正义或人道的目的。它常常专门用于残忍、可耻、令人厌恶和令人愤慨的目的。在奴隶主那里，它被用来寻找一种惩罚黑奴而又不影响其市场价值的方法。正是弗吉尼亚的一位颇有进取心的"白人"，灵机一动想出了个好主意，可以把黑人打得死去活来而不会留下主人手艺的痕迹。为此，他设计了一个很薄的木质"扁条刑杖"，平滑的表面上布满了小孔。据说，用这个刑具可以把一个奴隶打得失去知觉而不会皮开肉绽，也不会留下其他惩罚的标记。另一种颇受青睐的方法是使用非常宽的皮带。

---

① 转引自 J.M. 勒德洛发表在《良言》(*Good Words*) 杂志上的一篇文章《美国的奴隶制》，1863 年。

虐待狂 6

◆ 买卖黑奴

有一项重大改革，可以归功于文明的兴起，这就是：除了个别地方之外，世界各地都废除了那种更明显、更露骨的奴隶制。但各种其他形式的奴隶制（某种程度上是就这个词所表示的身体虐待的意思而言）依然存在。今天的奴隶制主要是对动物的奴役。马、狗及其他动物受到残忍的鞭打、惩罚和折磨。施虐狂们的残忍欲望在这里找到了几乎不受限制的用武之地。对各个不同的社会来说，防止虐待动物和废除残忍行为——尽管他们的工作值得赞佩——只能触及现有的残忍行为的边缘。只有穷凶极恶的案子才有可能被起诉到法院并有望被定罪——即使在如今这个据说信奉人道主义的年代，法律依然把虐待动物看作比小偷小摸更能容忍的事而不必苛责。对于每一个被起诉到法院的案子，你完全可以说，有一千个类似的案例世人从未听说过。我并不是机器时代的热爱者，但有一样东西，我会兴高采烈地欢呼它的出现，这就是汽车。马匹正迅速从大路上消失，我热切地期待着有朝一日，作为驮畜的马匹彻底消失——比起在皮鞭之下穿街过巷、奋力前行，直至筋疲力尽，仅靠车辕和缰绳的支撑才不致倒毙路途的牲口来，不再负重的骏马要好过万倍。

除了奴役之外，虐待动物还有很多别的形式，全都有着恶魔般的虐待狂含义，被施加给马、骡、驴、狗及其他动物，就像迫使人充当驮畜或其他劳动角色一样。还有一个臭名昭著的实例，它是如此彻底地得到了今日公众的赞同，以至于每当有人展示这种特殊的虐待形式时，观众就会爆发出热情洋溢的赞美，这就是强迫动物在马戏团里、在音乐剧舞台上、在电影摄制过程中进行表演。对于今天的所谓文明来说，一个污点——一个特别黑、特别大的污点——是：禁止动物或鸟类参与任何种类的公开表演的禁令并没能有效而彻底地制止这种虐待形式。

第7章
军法的惩罚

从罗马人的时代起,鞭笞就被认为是惩罚士兵的最有效的形式。在那年头,鞭笞被用来惩罚最轻微的违纪行为,而且特别恶毒和残忍。那些执掌军事法庭的军官们,似乎从不知仁慈为何物。死亡常常是这些鞭笞的最终结果。

在基督教的体制内,千百年来,鞭笞继续在欧洲军队中充当着主要的刑罚。德国和奥地利的每一间禁闭室里都有鞭刑凳,人们因为最轻微的犯规而被——以该死的纪律的名义——按倒在鞭刑凳上,残酷地用藤杖鞭打。在俄国(这个国家给世界贡献了令人闻风丧胆的木柄皮鞭)军队中最受青睐的

◆ 夹道鞭刑

惩罚方法被称作"夹道鞭刑":军队排成两行,彼此相对,每个士兵手持皮鞭或枝条。受刑者被剥光了衣服,双手被牢牢地绑在他的步枪的枪口处,一名士兵抓住枪托,好让刺刀正对着他的胸膛,他就这样准备接受骇人听闻的考验。接下来,他的双臂各被一名士兵抓住,就这样,他缓慢地从两排持鞭以待的士兵中间走过。当他经过的时候,士兵们便用手里的皮鞭抽打他。他不能急急忙忙朝前走,也不能停住或倒下,他只能无助地承受雨点般落下的皮鞭。这一趟下来,很少有人能死里逃生。不管是谁设计出了这种残忍的酷刑,他都有资格在西班牙的宗教裁判所里拥有一席之地。

数百年来,在英国的军队中,鞭笞似乎一直是惩罚每一种违纪行为的惯用方式。它在1689年的《惩治叛乱法》中得到了权威认可。从那时起,它便一直被频繁而残酷地使用,直到18世纪初,人们才做出了一些努力,试图废除鞭刑,并着手进行某些调查。

据查尔斯·J.纳皮尔少将说——他有幸在数百桩案子中目睹了"九尾鞭"的使用——"在接受头300下鞭打时,人们频繁地抽搐和尖叫,然后,余下的鞭打——甚至多达800下或1000下——他们都无声无息地承受着,发不出一声呻吟。他们常常会直愣愣地躺在那里,就好像死了一样,行刑者仿佛在鞭打一块了无生气的生肉。"①

---

① 查尔斯·J.纳皮尔:《论军法与鞭刑》(*Remarks on Military Law and the Punishment of Flogging*),1837,伦敦,第163页。

军法的惩罚 7

在鼓吹废除鞭刑的人当中，弗朗西斯·伯德特爵士是最重要的人物，他在议会里提到了一个案子：一个士兵因为抱怨供应给本团的面包而受到了 50 下鞭打；在另一个案子中，一个士兵被判处 1000 下鞭打，他在接受了 250 下鞭打之后便死掉了。事实上，毫无疑问，在军队中被鞭打致死的情况稀松平常。

英国人的九尾鞭是一件可怕的鞭刑刑具。它跟俄国人的木柄皮鞭可谓棋逢对手。"九尾鞭"由 9 根皮条或粗鞭绳组成，每根两英尺长，有三处打了结。每一下鞭打都皮开肉绽，血肉横飞。据希普说，受鞭打者的感觉，"就仿佛是鹰的爪子把肉从骨头上撕下来一样"。而且，随着一下接一下的鞭打，"九尾鞭"凝满了血块，它"就像一块铅一样落在背上"①。

那些负责鞭打战友的人，有人向他们传授挥舞"九尾鞭"的技艺，他们从小就接受专门的训练，直至最后都成为行家里手。据 1832 年 9 月 1 日《晨报》(*Morning Advertiser*) 上发表的文章《一个老炮兵鞭刑手》中的说法，在进行这种训练的过程中，一棵树被用来充当囚犯的身体，鞭刑手被教会如何"甩出九尾鞭，先打左边，再打右边，然后抽打头部"。"我不断抽打那棵树，直到我筋疲力尽"，作者说，"我常想，被培养来执行这样一种残暴的刑罚，对人的生命我该不再有任何感觉。"一堂这样的鞭打课程结束，人们常常发现，那棵树早已被打得稀烂。这一事实让我们不由得想到，一个人的血肉之躯，在经过九尾鞭的一顿抽打之

---

① 约翰·希普：《鞭笞及其替代》(*Flogging and Its Substitute*)，1831。

后，该是何等光景！①

意外总是跟九尾鞭的使用相伴而生，其对受害人的影响（无论是身体的还是精神的）常常是悲惨的。戴维森曾提到一个案子：一个肺部不甚健康的15岁男孩，在一个月的时间里被鞭打了13次，结果导致了肺结核的发展；在另一个案子中，严厉的鞭打导致了癫痫发作和失去知觉。

塞缪尔·罗米利爵士在1806年4月1日的日记中写道：

> 出席枢密院对海军上尉史蒂文斯先生的讯问，所依据的是第33号法令（Hen.8.c.23）。他被指控于1801年在孟买杀死了三名水兵。在未经任何军法审判的情况下，这三个水兵遭到了鞭打；施加的惩罚极其严厉，以至于他们全都在接受鞭打之后不到24个小时的时间里死去了。史蒂文斯出席了惩罚的现场，但他只不过是奉上级指挥官卢瑟福上尉的命令行事。②

在1811年2月16日的日记中，塞缪尔爵士写道：

> 今天，在格洛斯特公爵的晚宴上，我碰巧坐在哈钦森勋爵的旁边，并就军事惩罚的问题跟他多有交谈。他是那些如

---

① 约翰·加德纳：《在陆军和海军中永远终止鞭笞》（Flogging Suspended for Ever in the Army and Navy），伦敦，1832。
② 《塞缪尔·罗米利爵士回忆录》（Memoirs of the Life of Sir Samuel Romilly），默里，1840，卷二，第133页。

军法的惩罚 7

今经常采用的可耻而残忍的惩罚手段的死敌。他告诉我,当年他在直布罗陀的时候,一位士兵受到了严厉的鞭打,以至于几天之后便由于这次惩罚而死去了。他还提到一个很近的实例,有一个人,在禁卫军中当了30年兵,他的行为举止一直是无可指责的(他甚至没有一次冒犯他的上司),后来被调入了伦敦塔的退伍兵营。在那里,他因为一天缺席而被判决接受300下鞭打,当时他已经60岁,这一判决实际上执行了。①

◆ 军队里的惩罚

---

① 《塞缪尔·罗米利爵士回忆录》(*Memoirs of the Life of Sir Samuel Romilly*),默里,1840,卷二,第362页。

军队中实施鞭刑后导致死亡的情形,在印度及其他热带国家特别常见。严厉鞭打的常见后果是发烧,而这几乎总是以丧命而告终。在涉及此类死亡案例的报告中,发烧或其他类似疾病总是被说成是死亡原因,而闭口不提之前施行的导致发烧的鞭笞。

事实上,在所有情况下,只要受刑者碰巧不是十分身强体壮,鞭笞都是一种最危险的惩罚措施。然而,这一因素在法官和行刑者的手里似乎都不曾有丝毫的考量,执行鞭笞之前的身体检查——即便有体检的话——似乎纯粹是一场闹剧。纳皮尔说:

> 如果一个人在监狱生病了,他或许还可以得到及时的救助,但是,如果一个人在监狱之外,当他受到鞭打的时候生病了,尽管鞭笞本身可能并不会要他的命,但它对初期疾病所产生的影响则可能让他送命,而且这样的事情经常发生。我认识两个士兵,1819年,他们在科孚岛上被军事法庭判处鞭刑,他们都死掉了,两个人受到的惩罚都不是特别严厉。[①]

更有甚者,这位军队鞭刑问题的权威说:

> 判断一个人能否承受这样的惩罚,是不可能的事情;最有经验的外科医生也只能猜测。……结果是——就最好的情况而言——当一个人被五花大绑、准备接受鞭打的时候,他

---

① 查尔斯·J. 纳皮尔:《论军法与鞭刑》,第151页。

军法的惩罚 7

的生命就取决于猜测,而这个猜测可能是由一个年轻而缺乏经验的军医官做出的。①

约翰·希普——他是一位负责执行鞭刑的士兵——给出了不止一个实例。在这样的实例中,由于使用"九尾鞭"而直接或间接导致受刑者死亡。他说:

◆ 约翰·希普

一天早晨,我参加阅兵式,当时,一个外表悲惨、半死不活的年轻小伙子被五花大绑,准备接受鞭笞。但医生报告,他不适合接受这样的刑罚,因为他背部的伤口(上一次接受鞭刑留下的)尚未痊愈。他被带了下去,并被送去了医院,一个礼拜之后,我

---

① 查尔斯·J.纳皮尔:《论军法与鞭刑》,第153页。

参加了他的葬礼。一个倒霉蛋的死亡,到底要归咎于他所受到的惩罚,还是应该归因于这种惩罚对他的精神所产生的影响,并因此影响到他的体质。对此,我不敢贸然做出判断,但我敢说,它恐怕必定要归咎于其中的这个或那个原因。①

那位残忍的恶魔约瑟夫·沃尔下令鞭打那些哗变者,这一惩罚导致三人死亡:萨金特·阿姆斯特朗和乔治·帕特森(各鞭打800下),以及托马斯·厄普顿下士(鞭打350下)。②他们全都死于几天之后。

在很多案例中,不幸的受害者由于害怕再一次受到这样的惩罚而饱受折磨,最后自杀了。希普记录了一个他亲身经历的实例:

> 当违纪者被五花大绑——或者更准确地说是绑住双手吊起来——的时候,他的背部因为凛冽的寒冷和先前受到鞭打的影响,而显示出完全的乌青色。第一鞭下去,血就溅出数码开外,在接受了50下鞭打之后,他的背部,从颈至腰是一片连续不断的血流。……当这个可怜的家伙被放下来的时候,他踉踉跄跄,仆倒在地。他的双腿和双臂,由于寒冷和长时间地保持一个姿势,还在继续肿胀,不得不用肩舆——

---

① 约翰·希普:《鞭笞及其替代》,第13页。
② 霍勒斯·布莱克利:《一些默默无闻的断头台的牺牲品》(*Some Distinguished Victims of the Scaffold*),1905,基肯·保罗出版社。

军法的惩罚 7

这是一种运送生病士兵的轿子——把他抬进医院。不久之后，这个不幸的家伙就在令人悲哀的迷狂状态中，在自己的营房里朝自己开了一枪。他被人抬到了那个孤零零的坑边，像一条狗一样被扔了进去。①

◆ 掩埋被鞭打致死的士兵

惩罚的程度与犯错的性质之间完全不成比例。关于这种可怕的状况，泰特勒（苏格兰的一位辩护律师和军事法权威）记录了一个例证：

---

① 约翰·希普：《鞭笞及其替代》，第11页。

1792年,陆军中士乔治·塞缪尔·格兰特被判处1000下鞭打,他所犯下的罪行是:帮助东印度公司招募了两名鼓手,而他也知道这两个人当时在近卫军中效力。①

说到对军队中鞭刑的描写,最真切生动的,大概莫过于亚历山大·萨默维尔在他的著作《一个工人的自传》(*The Autobiography of a Working Man*)中所写的那段。书中所写是他的亲身经历,当时他是苏格兰禁卫军的一名列兵。1832年5月29日,由于他"28日早晨的行为举止不像个军人——在一所骑术学校上课的时候,未经许可擅自下马,而且在指挥官命令他上马的时候坚决拒绝这样做",因此,他被判处用"九尾鞭"抽打200下。据萨默维尔对那条"九尾鞭"的描述,它的每一股鞭绳都比普通的鞭绳粗两到三倍,有6个不同的地方打了结,所有鞭绳都绑在一个两英尺长的木质或鲸须手柄上。受刑者奉命脱得一丝不挂,然后他的手腕和脚腕被绑在一个梯子上。在这个位置上——他的胸部紧压着梯子的横档,赤裸的背部暴露在行刑人的面前——他准备接受惩罚。团军士长命令行刑人法里尔·辛普森履行自己的职责,惩罚开始了。"我感觉到,"萨默维尔说,"我脖子以下的两肩之间有一种令人震惊的感觉,这种感觉沿着一个方向传到我的脚趾甲,沿着另一个方向传到我的手指甲,刺痛着我的心脏,就好像刀割一般。"第一下之后,接着是缓慢而有条

---

① 转引自查尔斯·J.纳皮尔:《论军法与鞭刑》,第160页。

军法的惩罚　7

不紊的一下接一下抽打,"两下之间的时间间隔似乎长到令人痛不欲生,然而,接下来的一下抽打很快也来了"。随着25下皮鞭的落下,军士长喊道:"停!"这是让辛普森让位的信号,为的是换上另外一个行刑人。那是一个在挥舞九尾鞭上相当训练有素的年轻人,曾经在沙袋上进行过勤奋不懈的练习。接下来,他一鞭接一鞭抽打着萨默维尔身体两侧的肋骨,直到他感觉到自己的五脏六腑都在爆炸。他紧紧咬住舌头,以防止发出痛苦的叫喊。用他自己的话说:

> 由于鲜血从我的舌头和嘴唇上流了出来(我同时还咬住了嘴唇),由于鲜血从我的肺或者其他某个由于剧痛而爆裂的内脏器官流了出来,我几乎被窒息了,脸变得乌黑。此时,轮到辛普森抽打第二个25下。仅仅接受了50下鞭打,时间就好像整个一生一样漫长;我觉得,我的现实生活仿佛始终在痛苦和折磨中,而且,即使生活中曾经有过快乐的时光,那也是一场梦,已经过去了很久很久。

拷打继续进行,受害人的背部上下起伏。一下接一下的鞭打,严厉而缓慢得令人疼痛难忍。有时候一鞭下去皮开肉绽,有时候,上一鞭留下的伤口和鞭痕被再一次抽打,直到100下打完,指挥官说:"停,把他放下来,他是个年轻的士兵。"萨默维尔遍体伤痕,血肉模糊,有人用一条湿毛巾盖住他的背部,他被带到了医院。

后来,萨默维尔再次入院,他所患的病无疑是这次严厉惩罚的后果。他对这次生病的评论很有趣:

> 我的背部挨打部位的下面喷出了非常古怪的脓水,我当时并不相信我的病源自那次惩罚,但斯图尔特先生十分坦诚地——对此我毫不怀疑——说出了自己的观点。1832年之后,我有机会研究这个问题,特别是在西班牙,如今我敢肯定,在几乎每一个体罚案例中,都有继发症状。对于像我这样的门外汉来说,人的身体一直是个不解之谜,针对肌肉或神经系统(或二者兼而有之),或者针对身体的某个特性所实施的暴力,会导致体液的患病状态。这种疾病采取了向内的方向,在某些情况下会到达肺部或其他内脏器官,使之衰弱,并最终摧毁患者的生命。或者,它要么采取了向外的方向——像在我身上的情况——通过脓肿突破皮肤,因此挽救了患者的性命。或者,它也有可能留在原地,化脓、发炎,并通过组织坏死导致患者迅速死亡,就像在第7轻骑兵团的弗雷德里克·怀特身上的情况,1846年,一个验尸官陪审团宣布,怀特在豪恩斯洛兵营死于体罚的影响。①

据纳皮尔说,到18世纪末,判决600~1000下鞭打的情况很常见。惩罚是如此严厉,以至于总是还没等到鞭打的下数执行

---

① 亚历山大·萨默维尔:《一个工人的自传》,伦敦,1948,第298~299页。

军法的惩罚

完毕,就不得不停下来,把受刑者送进医院。他的伤口刚一愈合,便再次把他拖出去,执行剩下的鞭打。纳皮尔说:

> 那时候,我常常看到,不幸的受害人被再三再四地从医院里带出来,去接受余下的惩罚。这种惩罚实在太过严厉,如果一鼓作气地打完规定的鞭数,定会有性命之虞。有时候,我亲眼目睹了这种长时间的拷打,其目的就是为了增加惩罚的严厉性。在这样的场合,看到几乎还没有愈合的背部那新长出的嫩弱皮肤再一次暴露在皮鞭之下,实在令人恐怖。我敢说,尽管对这样的场景我早已司空见惯,但看到第一下抽打我还是受不了。士兵们身上所产生的那种恐怖感显而易见,所有士兵都知道,新兵们在第一次看到一个士兵接受鞭打时,经常有人当场晕倒。把一个人从医院里带出去接受第二次、第三次鞭打,如今再也不能发生了。①

我们被告知,在海军中,鞭刑甚至比陆军中的习惯做法更加严厉——这个说法你恐怕不愿意相信。然而,事情可能确实如此,鞭刑毫无疑问被用来惩罚最轻微的冒犯,而且手段常常是故意地残酷无情。在一部题为《鞭打的经历》(*Experiences of Flagellation*)的奇书中,有一个目击者对一次"海上鞭笞"做了有趣的描述。这次鞭笞是负责管理一艘囚犯船的沃尔总督下令执

---

① 纳皮尔:《论军法与鞭刑》,第159~160页。

◆ 海上的一次鞭笞

行的。受害人从前是伦敦的一位店主,名叫格林,他被判处 14 年流放。他犯下的所谓罪行是帮助一次图谋中的哗变,在未经审判的情况下,总督判处格林接受"水手长的九尾鞭的抽打,直至皮开肉绽"。这次鞭打——明显极其严厉——没有让受刑者发出一声喊叫,总督大怒,发誓要"让他发出哭喊,否则就把他的肠子抽打出来"。一些心肠更仁慈的旁观者纷纷央求他哭喊,以免再受拷打,格林答道:"现在已经太迟了。"因为他觉得自己奄奄一息,根本叫不出来;而且,他之所以忍住不叫,并不是源于倔强,而是要刻意隐瞒自己的痛苦,免得他不幸的妻子为他担心。她当时正在底层,并不知道他的处境,要是听到他喊叫,一定会

军法的惩罚 7

痛苦死了。鞭打继续进行,直到他的肠子从撕裂的腰部流了出来。此时,他已经昏死过去,被交给了外科医生。① 后来,当总督受审并被判刑的时候——讲到这里让人稍觉宽慰——那位外科医生出庭作证了。

想到下面这个事实还是颇为令人满意的:"九尾鞭"今天已经很少使用,无论是在海上还是在陆地,在世界各地的海军和陆军中,都很少使用。根据1881年的《陆军法》,鞭刑被局限于军事监狱中的囚犯。在美国海军中,1850年的国会法案彻底废除了鞭刑。

---

① 《鞭打的经历》,由一位业余鞭笞者编辑,私下印行,伦敦,1885。

第8章
不打不成器

随着鞭笞作为惩罚违纪者的一种形式,作为阻止他人在成年生活中犯罪的一种手段的广泛流行,不难预料,鞭笞将会被认为是矫正儿童的一个值得赞赏的工具。所罗门的《箴言》说:"不肯使用棍杖的人,实是恨自己的儿子,真爱儿子的人,必定加以惩罚。"他告诫人们:"不可不管教孩童,你用杖打他,他必不至于死。你要用杖打他,就可以救他的灵魂免下阴间。"这些话被全世界的父母所

◆ 很多人信奉"不打不成器"的信条

奉行。"不打不成器"的格言被奉为圭臬,并被认为是鞭打孩子(所有年龄,不分男女)的充分而正当的理由。直到相当晚近还

是如此——实际上是如此之近,以至于在今天很多人的记忆里(他们至少都已人到中年),想必对儿时的桦条或藤杖所带来的剧痛记忆犹新。

从前,工人阶级家庭的男孩和女孩都曾在家里挨过父母的鞭打,在工厂里挨过雇主的鞭打;富贵之家的孩子挨过家庭教师的鞭打,后来则是在学校里挨打。即便是远在古希腊的时代,也就是差不多两千年前——如果历史书不撒谎的话——学校的老师也把桦树条当作矫治工具使用。荷马曾挨过老师的打,贺拉斯也是如此,毫无疑问,所有上过学的人全都如此。

事实上,它在所有国家似乎都被认为是一种普遍的矫正手段,就是这根鞭子,或棍棒,或者其他类似的打人工具。就连宗教的老师——牧师——也借助桦条来阐述自己的观点。1087 年,修道士乌达尔里克在《克吕尼的习俗》(*Coutumes de Cluny*)一书中写道:"在祈祷的时候,如果孩子们唱得很糟,或者睡着了,院长就会把他们脱得只剩下衬衣,用柳条或者专门准备的绳子抽打他们。"在中国,鞭打是每一所学校的惯例,直到孔子终止了这种做法。

从最早建立学校的年代起,直到 20 世纪初,用桦树条抽打孩子就跟英国的几乎每一所学校密不可分。主要是因为这一制度,英国直到相当晚近才以学校打孩子而蜚声海外。在这方面,唯一能够媲美的只有德国。体罚的情况是如此普遍,以至于直到不久之前,教师依然被人们通俗地称作"打屁股的人"(bum bruiser)。布林斯利和洛克都曾表达了他们对鞭笞的强烈偏爱;

伊顿公学臭名昭著的鞭刑执行人尤德尔有很多徒弟；迟至1840年，托马斯·阿诺德在打人上不比任何人逊色。

即使是贵为王子，也逃脱不了惩罚。腓特烈大帝曾屡次三番遭到父亲的鞭打。卡莱尔曾描写这位年轻的王子如何因为在老国王手里所遭受的痛苦而饱受刺激，几乎痛不欲生。在一封给母亲的信里，他发出了这样的抗议：

> 国王完全忘记了我是他的儿子。今天早晨，我像往常一样走进他的房间。刚一看到我，他就暴跳向前，抓住我的衣领，用他的藤杖把我一顿猛揍。我徒然地试着掩护自己。他处在一种可怕愤怒中——几乎已经魂不附体。仅仅是因为打累了，而不是因为我的力气占了上风，他才住了手。我被逼到了绝境。我的荣耀使我没法忍受这种对待，我决心要结束这种状况，不管用什么方法。

乔治三世的儿子们也都在他的明确授意下遭到过鞭打，"像任何一个英国绅士的儿子一样"。曼特农夫人曾因为最轻微的过错——比如把墨水洒在了衣服上——而遭到她的女家庭教师的鞭打；拉伯雷曾讲到蒙塔古学院的学生们受到像狗一样的对待；约翰逊博士——据他那位流芳百世的传记作者说——相信藤杖的优点，认为它对于获得良好品行和学问来说是一个很好的激励。而在上学的时候，他也曾屡次三番地遭到痛打。事实上，他认为这些鞭打是他最棒的拉丁文老师。"我的老师打过我；如果没有这些，先生，我将一事无成。"在这方面，他似乎跟古代先贤萨珀阿努斯的观点完全一致。据苏达斯说，萨珀阿努斯在他所选定的功课上是如此坚定，以至于"他总是心甘情愿地承受棍棒或痛斥，为的是学会学校老师和家庭教师教给弟子的所有东西。人们甚至不止一次在公共浴室看到他对自己施加最严厉的惩罚"。科勒律治也说过支持鞭笞的话。①

◆ 老国王痛揍小腓特烈

另一方面，伊拉兹马斯则因为自己所受到的严厉鞭打，而几乎是跟功课结下了深仇大恨。米尔顿在剑桥遭到过鞭打，因为那年头鞭笞在大学里就像在中小学里一样稀松平常。伏尔泰小时候挨过打；皮塞雷古把他晚年所患的痛风归咎于孩提时代挨打时持续不断地跪在潮湿冰冷的旗子上；雷韦耶尔－勒波走得更远，以至于把他伴随终生的畸形归咎于他在学校所遭受的鞭打。

---

① 塞缪尔·泰勒·科勒律治：《席间闲谈集》(*Specimens of Table Talk*)。

有时候，鞭打是极为严厉的，以至于导致被打者的死亡。在《珀西轶话》(*The Percy Anecdotes*)中就有一篇这样的报道：1699年，一个名叫罗伯特·卡迈克尔的老师因为杀死了他的一个学生而受审。据证人说，卡迈克尔"在狂暴与愤怒中"连续三次殴打那孩子，"把他从课桌边拖出来，用手打他的头部，重击他的背部，在他松开双手之后，这孩子立即死掉了"。尸检显示了背部和大腿上的很多鞭痕，血从中流出来，头部有乌青色的痕迹。陪审团发现，孩子所受到的殴打是死亡的直接原因。卡迈克尔被判处7下鞭答，并终身驱逐出苏格兰。

不过，正是在英国一些著名的公立学校里，鞭答被使用得非常普遍而野蛮，乃至为英国挣到了我前面提到过的那种名声。伊顿、拉格比、温切斯特、什鲁斯伯里、威斯敏斯特、麦钱特泰勒斯及其他很多公立学校，都因为它们的鞭答而闻名天下。温彻斯特

◆ 温彻斯特公学的铭牌上就有鼎鼎大名的"温顿棍"

公学使用的"温顿棍",其名声甚至传到了伊丽莎白女王的耳中。据库珀说,温彻斯特的这种棍跟平常的习惯大不相同,它不是用桦树,而是用苹果树打造而成,四根精心选择的树枝被绑在一根木质手柄上。库珀说,即将受罚的孩子"跪在木板或长凳上,两个孩子'抬起他',也就是说,脱去他裤腰带与马甲之间的衬衫,然后,老师便施加惩罚,打4下称之为'擦洗',打6下称之为'背《圣经》'。在这样的情况下,《圣经》牧师被带来见受害人"①。

学校当局似乎都把鞭笞看作是矫治每一种违纪行为的灵丹妙药,正如《爱丁堡评论》(*Edinburgh Review*,1830年4月号)中的评论所显示的那样:

> 对所有的违纪行为,除了最微不足道的之外,不管是违命不从还是擅自离校、没有能力解释一课书还是不能默诵课文、被发现不受管束或者缺席教堂或旷课,简言之,对任何违犯校规的行为,每个6年级以下的孩子,都要受到鞭笞的惩罚。这一惩罚行动是对裸露的背部执行的,由校长亲自动手,而校长总是一位能力超凡、学识超群的绅士,有时候在教会里有很高的威望。

据布洛赫说:"从很早的时期起,威斯敏斯特学校就一直享

---

① 威廉·M.库珀:《鞭笞的历史》,1868,第433页。

有恶名。"① 威斯敏斯特学校所使用的专门的棍棒,在全英国的大学圈子中臭名昭著。据说,它的发明者是1454~1487年间的校长巴彻博士,是一个声名狼藉的鞭笞者。另外一些曾经跟这所学校联系在一起的人同样臭名昭著,他们是巴斯比博士、帕尔博士和文森特博士。在骚塞那个时代,鞭笞狂热达到了顶点,以至于学校出版了一本杂志:《鞭笞者》(The Flagellant)。

一位著名的苏格兰鞭刑手是学校老师哈克特。下面这篇报道记述的就是他老先生的事迹,是从1843年11月11日的《钱伯斯的爱丁堡杂志》(Chambers's Edinburgh Journal)上摘录的,读来颇为有趣:

> 大约70年前,苏格兰中央地区一个自治市的小学校长是一个名叫哈克特的值得尊敬的勇士,是上一个时代打人教师的完美样本。……哈克特还会一天20次让受害人横躺在课桌的一端,一手挥鞭,尽可能长时间地抽打,然后再换另一只手抽打。骑马是他最喜欢的爱好或奢侈之一。他有一个匠心独运的折磨方式,为他自己所独创,这就是:让受罚的孩子大步跨过相距很远的两块木板,同时挖空心思从后面施加力量,极力拖住他。厄斯金勋爵托马斯和他的弟弟亨利曾在这所学校接受教育,他们没齿不忘哈克特的严厉苛酷,尤其抱怨:不管你是傻瓜笨蛋,还是聪明孩子,全都一样。如

---

① 伊万·布洛赫:《英格兰的性生活》(Sex Life in England),纽约,1934,第226~227页。

果是前者，你会因为自己的种种缺点而挨打；如果你是个聪明孩子，他就会把监管其余孩子的职责分派给你，你下属的所有过错你都要受罚。

库珀提到，在鞭笞同样臭名昭著的伊顿公学，"每个孩子的

◆ 伊顿公学校园

账单中都有一笔半个几尼的费用，是专门用来购买桦树条的，不管他是不是挨过打"①。然而，很有可能，只有在很少的实例中，这笔费用是不合理的——如果你承认让父母为鞭打自己的儿子负担费用还有什么合理性可言的话——因为在那年头，学校的校长们似乎无一例外，都奉行这样一个原则：每个孩子都会因为鞭打而变得更好，不管他实际上是不是做过什么应该挨打的事情。

鞭笞绝不仅仅局限于男孩子。直到100年前，在最高级的神学院，女孩子也总是遭到鞭打。对违纪行为及五花八门的过失施

---

① 威廉·M.库珀：《鞭笞的历史》。

加惩罚（包括体罚）的做法非常普遍，甚至女家庭教师也被鼓励使用桦条，尽管在某些情况下是由父母来施行鞭笞。安妮·伯纳德夫人在写到她在18世纪下半叶的孩提时代时，提到了这种习惯做法。她讲到了女家庭教师对她的姐妹们所施行的鞭笞。她的母亲也施行过类似的惩罚："用她自己那白皙的小手，这双小手尽管柔软，但打起人来一点也不轻。"安妮夫人谈到了体罚的不可取，她说："假如她［母亲］只是通过明智的建议来极力阻止我们的错误，而不是用体罚来矫正它们，难道不是好得多吗？"[①]

某些女性施虐狂谋求女家庭教师的位置，就是为了放纵自己对施加痛苦的强烈欲望，这一点是肯定的。莫尔断言，有理由推定：为获得"性刺激"而施加体罚，在女人身上比在男人身上更明显。[②]

大约19世纪中叶，在几家深受欢迎的家庭杂志上，尤其是在《女王》（*The Queen*）和《家庭使者》（*The Family Herald*）上，鞭打女孩子成为激烈争论的话题。1869年，《英国妇女家庭杂志》（*The Englishwoman's Domestic Magazine*）发表了相当数量的读者来信，讨论的话题是在学校和家庭中对女孩子的鞭笞；对这种习惯做法，既有积极提倡者，也有强烈谴责者。

然而，在这场观点的交锋中，并没有什么新东西。在那个时代，男人和女人都是用更严格的材料打造而成，赤裸裸的残忍行

---

① 林赛勋爵：《林赛家族列传》（*Lives of the Lindsays*），默里出版社，1849，卷二，第304页。
② 阿尔伯特·莫尔：《儿童的性生活》，第319页。

不打不成器 8

为每天都在发生,竟然有人强烈地反对鞭笞的惩罚。因此,昆提良说:

> 说到鞭打学童,尽管它是一种惯例,而且克律西波斯也并不反对,然而,我无论如何还是不赞成这样做。首先,它是一种卑劣的、奴性的对待。可以肯定,要不是因为那些承受鞭打的人青春年少的话,它可能就会被认为是一种必须要求赔偿的伤害。此外,如果一个弟子禀性顽劣,以至于不能通过斥责来加以矫正的话,他就会像一个顽劣的奴隶一样,对鞭打同样毫无感觉。最后,如果师傅起到其应有的作用,也就不会有惩罚的机会。但是,教师的玩忽职守如今是如此严重,以至于他们不是责成弟子去做他们应该做的事情,而是满足于在他们没有做的情况下去惩罚他们。而且,尽管你可以通过使用棍棒,强迫一个孩子服从,但是,如果应该对一个年轻人提出性质完全不同的建议,你该如何对待他呢?更不消说,与这样的惩罚相伴而生的恐惧或疼痛,有可能导致几种在此不宜列举的意外。事实上,在选择有着合适的性情气质的老师时,如果不是十分小心的话,我都不好意思说他们有时候滥用鞭打权力到了何等程度,但我不该再在这个话题上多费口舌了,关于这个问题,公众已经知道得太多。①

---

① 《昆提良集》第一卷第3章。

普卢塔克同样认为，鞭笞无论是对努力向上还是对生而自由的儿童本性都是一种不适宜的惩罚。一方面赞扬和鼓励，另一方面责备、指斥和劝诫，才会有好的效果。与此同时，鞭笞会让青春年少的违规者心肠变得越来越硬，激发仇恨和懒惰。然而，在那些遥远的年代，这样的观点无疑只是少数人持有。必须指出的是，这些反对意见并没有涉及鞭笞本身的残忍。应该看到，奴隶被认为是忍受鞭笞的合适对象，就像它对某些社会阶层可能会产生影响一样。

◆ 打孩子自古以来被认为是一种教育手段

大多数古代哲学家和立法者都支持鞭打儿童，不仅是作为促使他们品行良好、说话诚实的一种手段，而且还作为教育本身的一种辅助手段。普卢塔克说："要在你儿子的幼年矫治他，不要吝啬棍棒：一个人青春年少的时候可能容易屈服于你的意愿。"约翰逊博士在表达我们前面提到的那些观点的时候，只不过是在附和古代作家和教师们的观点。在某种程度上，他们全都同意萨珀阿努斯所表达的观点：打得越痛，学得越多。推测起来大概是基于这样一个假设：鞭笞之于学业，正如佐料之于美食。

废弃鞭笞——此事大约发生在19世纪中叶——的理由，主要被归因于维多利亚时代假正经的发展。有人认为，而且是强烈地认为，露出光屁股是下流的，不道德的，就女孩子而言尤其如此。选择鞭打背部或腰部和肩部，都被认为是一种太过危险的勾当。清教徒们进退维谷——到最后，他们不得不彻底放弃桦树条的使用，尽管有点不大情愿。用手打已经取而代之，并奉行多年。但最后，这种体罚形式实际上也消失了。

如今，不可否认的是，鞭笞毫无必要地残忍刻毒，而且有辱人格。因为这些理由，而且仅仅因为这些理由，废除这种做法正是时候。让诸如伊顿、哈罗这样一些学校的管理者们永远蒙受耻辱的是，鞭笞竟然施行了如此长的时间。

它不仅让受鞭打的孩子丢脸，让鞭打者丢脸，让旁观者丢脸，它往往还会使所有相关者的心灵变得粗糙，对痛苦漠不关心。在很多情况下，尽管多次重复，鞭笞并没有被视为残忍的展示，而被看作娱乐活动。在很多学校目睹过鞭笞的布林斯利·理查兹先生所说的一番话颇有启发性：

只有一次，我感觉到了我从未有过的感受，当时我看到一个人被吊起来。有一点倒是真的,眼睛和神经很快就习惯了残忍的场面。逐渐地,我不仅是带着漠不关心的态度,而且是带着娱乐的心态,去观看低年级学校的行刑。①

◆ 看打人成了一项娱乐(温彻斯特公学)

钟摆如今带着复仇的姿态摆向了另一侧。今天的中小学里,有各种各样的小体罚——尽管没有实际的禁令——取代了古老的鞭笞习惯。在下院关于提议废除鞭笞作为对青少年罪犯的惩罚的议案所展开的一场辩论中(1936 年 4 月 7 日),有人声称:"鞭笞在公立学校中非常罕见,而且只是在一两所更大的公立学校——尤其是伊顿公学——中是惯例。"(录自 1936 年 4 月 8 日的《每日邮报》[*Daily Mail*])

---

① 布林斯利·理查兹:《伊顿七年》(*Seven Years at Eton*)。

不打不成器 8

　　大多数学校老师都极力克制，不使用棍棒，除非其他所有维护纪律的手段都试过，并被证明无效。然而，有时候，一件事例意外地引人注意，有人指控毫无必要地使用了严厉手段。今年7月就发生了这样一件事，当时，一纸投诉被提交到布里斯托尔市议会的一次会议上，指控有一个8岁大的孩子在整整一个礼拜的时间里每天挨打。据说，"因为他没能背诵两段诗歌，校长用戒尺打了他5下。在第二个案子中，一个孩子因为挨打，受到撕裂肌腱的折磨，不得不去了另一所学校"①。

　　1937年8月9日，有人在希尔克郡法院起诉一位校长，官司败了。这似乎表明，校长们在施加惩罚时被允许有相当大的自由度。辩护律师声称："老师如父母。家长把权力授给了学校的老师，因此老师不存在侵犯人身罪，除非认定他所施加的惩罚是残忍的。"被告被指控用皮带惩罚一个11岁的孩子，"击打他的脸部、肩部、背部和臀部"。②

　　女孩子受到的惩罚比男孩子要少得多，但也绝不是闻所未闻的事。在写给《都柏林晚邮报》(*Dublin Evening Mail*，1937年8月10日)的一封信中，一家寄宿学校的一个17岁女学生的父亲"M.C."声称，他注意到这个女孩臀部的几处伤痕，于是便带她去海边度假，找到一位医生诊治：

　　　　他询问了我的女儿，她告诉我们，最近，另一个女孩子

---

① 《布里斯托尔晚邮报》(*Bristol Evening Post*)，1937年7月27日。
② 《苏格兰人》(*The Scotsman*)，1937年8月10日。

把一本电影书和一本小说偷偷地带到了学校,而且,大多数女孩子都翻阅过。有一天,这两本书传到了她的手里,在夜里阅读时,被人逮住了。第二天早晨,老师把她叫了去,告诉她,如果她不说出是在哪里得到这两本书的,她将会受到惩罚。她拒绝这样做,然后被带到了她的房间。在那里,另外两位老师协助脱下她的衬裤,把她按倒在床上。她的老师朝她的臀部抽打了12下。另一个女孩后来承认得到过这两本书,她因为犯下重罪而挨了12下桦树棍。……如今我弄明白了,女孩子们因为最轻微地违犯了校规而被打屁股。医生告诉我,前不久,《晚邮报》报道了类似的指控,建议我向教育局报告此事。可以肯定,我的女儿不会回到那所学校去了。

第三部分

肉体折磨

第9章
惩罚的惯例

鞭笞的故事难解难分地跟宗教的故事混合在一起。古时候存在的每一个宗教团体的首领都严厉地惩罚任何违犯他们所规定的教规的行为，不管犯规者是教士、修道士，还是修女。这种惩罚所采取的最受青睐的形式，就是鞭笞。对世俗中的流民和罪犯的司法鞭笞，以及对宗教信徒所施加的鞭笞，它们之间的唯一不同是：在前者的实例中，人们总是尽可能地逃避惩罚；而在后者情况下，它被作为一种公正的处罚而受到欢迎。事情确实如此，正如我们稍后将会看到的那样，很多跟宗教团体有关系的官员，都以自我鞭笞的形式，把这种惩罚施加在自己身上，作为一种自我惩罚，为的是忏悔真实的或想象中的罪孽。圣徒和殉道者尤其如此，宗教编年史中有大量这种行为的记录。

早期的历史学家们都一致提到了很多国家的这样一种习俗：在某些节日里鞭打参加礼拜仪式的人。他们全都证明了这样一个事实：那些礼拜者都顺从地接受惩罚，而且，在某些情况下，他们看上去甚至表现出欢迎惩罚的样子——这一陈述一方面很符合宗教狂热的特征，另一方面也符合顺从的特点。而这种顺从正是宗教狂热的标志性特征，所有早期宗教的信徒都拥有这样一种特征。普卢塔克在提及古代斯巴达人的习俗时曾说到，在一年一度的鞭笞节上，在黛安娜的祭坛面前，男孩子们一鼓作气地被鞭打几个小时。他说："他们兴高采烈地，甚至是欢天喜地地承受鞭打，而且，他们还为了胜利而互相竞争；在皮鞭之下挺住时间最长、所挨鞭数最多的那个人，将获得胜利。"另外一些作者，尤其是莫佐尼乌斯和西塞罗，全都证实了这一点。西塞罗说："我好几次听到有人说，有孩子被鞭打至死。"

◆ 宗教仪式上的鞭笞（印度）

据希罗多德说，在布西里斯一年一度的伊希斯女神节上，成千上万的男男女女"互相抽打"。看上去，那种勤勉不懈的劲头跟他们的狂热不相上下。

毋庸置疑，在所有修道院和女修道院里，从它们建立的那天

惩罚的惯例 9

起,鞭笞就稀松平常。实际上是如此普遍,以至于在早期编年史家的著作中很少需要做出解释。早在公元508年,似乎就有了圣塞泽尔·阿尔勒定下的规矩,明确规定鞭笞作为一种惩罚形式,以惩罚不守教规的修女。然而,到了公元8世纪,大多数宗教团体都颁布了关于犯规及其惩罚的专门规则。

于泽主教圣费雷奥尔为防止和惩罚偷窃而制定了这样的规则:"要用皮鞭抽打他,而且还要以非常严厉的方式。应该像惩罚通奸者一样惩罚他,因为完全有理由怀疑,是他的淫荡导致他犯下了偷窃之罪。"布拉加主教圣弗卢托苏斯为对付说谎者和小偷而制定的规则有点类似:"如果在被年长的修道士警告之后,而他却忽视了改过自新,要以极其严厉的方式鞭打他。"性放纵方面的任何行为都被看作比偷窃之类更大的犯罪,正如布拉加主教的规则所显示的那样:"如果一位修道士总是挑逗男孩子和年轻男人,或者被逮住试图跟他们接吻,或者有任何其他下流的动作,都要公开鞭打他。"在早先的那个年代,即使是注视一个女人的行为,对修道士来说,也被认为是危险之举;对一个女人说话,无论如何都足以为他挣得一顿痛揍;单独跟一个女人在一起,将受到200皮鞭的惩罚,或者让他仅靠面包和水过两天。

圣玛喀里、圣本尼迪克特、圣博努阿、圣佩科姆、圣奥勒良及其他人,全都起草过关于惩罚各种违纪行为的规章制度。在某些情况下,规定了特定违纪行为的法定鞭数,而在另外一些情况下,鞭笞的严厉程度由修道院院长斟酌决定。除了前面已经提到的违纪行为之外,企图逃离修道院,骂人,赌博,任何不得体的行为举止，显示愤怒，未能遵守沉默不语的规定，淫秽谈话，过度饮酒，纵情于吵闹的谈话或大笑，向外人透露本团体的任何秘密，以及很多其他的过失，都足以得到一顿扎扎实实的鞭打；任何企图通过展示可使罪行减轻的情况或借口来逃脱惩罚的努力，常常只能挣到双份的责罚。事实上，这里显示了宗教领袖们的报复之心。条文是这样的："如果因为过错而被革出教门的兄弟至今仍坚持他们的自尊，以至于在第二天9点之前依然拒绝向修道院长赎罪，那么就要把他监禁起来，甚至一直关到他死去，并用棍棒抽打他。"事实上，这些命令被逐字逐句地认真对待，执行起来是如此严厉，以至于犯错的修道士被当场打死，或者后来死于受罚时所受严重伤害的情况并不少见。

实际上，跟所谓"纪律"管理密切相关的虐待，导致阿尔勒主教凯撒利乌斯不得不提醒修道院长们："如果他们对违纪者施加的鞭笞持续时间太长，以至于导致受罚者的死亡，那么，他们就犯有杀人之罪。"

尽管阿尔勒主教本人以及他的某些同行都把鞭打的下数限制在摩西律法规定的限度之内，但这样的限制绝不是一般限制。据《鞭笞者的历史》（*The History of the Flagellants*）一书的作者说，不仅"鞭笞惩罚被扩大到了修道士们可能犯下的几乎每一种违纪行为"，而且，"鞭笞的持续时间几乎完全交给修道院长斟酌决定，要么基于《法令全书》中所使用的一般性条款，要么基于为这一目的而做出的明确规定"。例如，在克吕尼修道院古老的法规（圣乌达尔里克曾把它们收集为一卷）中，提到了不同种类的

惩罚的惯例 9

◆ 惩罚违犯教规者

违纪行为,明确说到了对它们的惩罚,至于"违纪者要受多长时间的鞭打,以修道院长认为合适为准"。

修道院里使用的鞭笞形式有两种,分别被称作"高处罚"和"低处罚"。前者局限于背部的上半部分和肩部,后者局限于臀部和腹部。值得指出的是,"低处罚"的危险程度要小得多,尤其是如果局限于多肉的臀部的话,将能很好地避开内脏和更容易受伤的器官。

鞭打常常由修道院院长亲自执行,尽管他有权把这活交给别人去干。这种做法的普遍性,再加上人们有这样一个预期——每个修道士都会因为某个实际的或假想的违规行为而受到鞭笞,这些都反映在很多修道院的穿着习惯上。在这些修道院里,修道士们穿着一种特殊的衬衫,背部开口,为的是减少准备接受鞭打时露出身体下部的麻烦。在某些情况下,即将接受鞭打的修道士要自己脱去所有的衣服,准备挨揍。整个过程修道院的所有人都尽收眼底。因此,根据教皇约翰十二世的命令,一个名叫戈德塞尔的修道士就是这样公开地受到鞭打,在场的人包括奥特格主教和秃头查理。

在那年头,女人受到的尊重并不多,被看作是她们丈夫的财产。因此,一点也不奇怪,在女修道院里,人们并不认为她们应该受到比男修道院里的修道士们更多的关照或尊重。在女修道院里,鞭笞也稀松平常,即便是最微不足道的违纪,比如谈论世俗问题,在履行职责时粗心草率,未经允许擅自进入谈话室,以及诸如此类。

凯撒利乌斯是最早建议鞭打修女的教会作家之一，他说："正是诸如此类违犯教规中所包含惯例的行为，应该受到足够的惩戒；施行圣灵从前通过所罗门之口所规定的惩戒措施是合适的。"圣本尼迪克特也说过类似的话："如果一位姐妹几次受到告诫，依然不愿意改正自己的行为，应该暂时剥

◆ 路易十一的女儿让娜·德·弗兰西

夺她的教友权利，如果此类矫正措施无效，就要用鞭子责罚她。"

在很多女修道院里，院长亲自实施必要的惩罚是一种惯例，常常是在私室中进行，但有时候也会公开惩罚。然而，在有的女修道院，则专门选择本修道会的成员，接受鞭笞技艺的训练。在所有这样的情况下，惩罚的性质总是比由一个未经训练的生手来执行的惩罚更加严厉。在某些情况下，鞭刑手的施虐狂本性导致他们设计出专门的皮鞭，除了提高挥鞭的技巧之外，还可以增加惩罚的严厉程度。据说，有一位这样的角色，她就是路易十一的女儿让娜·德·弗兰西。她心狠手辣，足智多谋，发明了一种有五个尖刺的银质十字架，绑在皮鞭上。结果，每抽打一下就会留

◆ 玛丽亚·马格达莱娜（提香画）

下5道可怕的伤口。

就修女的情况而言，有时候鞭笞根本没有被看作是一种惩罚，而被视为一种享乐。它使人产生幻觉、性兴奋和对上帝的受虐狂般的爱。16世纪末生活在佛罗伦萨的卡尔梅勒会修女、帕齐的玛丽亚·马格达莱娜就是这样，她从公开鞭打她裸露的臀部当中找到了快感。有一次，她喊道："够了！鞭打不再是那吞噬我的烈焰：这不是我所渴望的死亡；它带来的是太多的愉悦和快感。"① 另一个类似的实例是根顿的伊丽莎白，每次鞭打（这是她求之不得的）的时候，她就会大喊："啊爱，啊永恒的爱，啊爱，啊你们这些家伙！跟我一起喊吧：爱，爱！"② 在诸如此类的情况下，受刑者所经历的很多快感无疑要归因于对臀肌腺的刺激。在这些个体的身上，性压抑已经严重到了诱发病态的程度。不过，关于鞭笞在性行为中所扮演的角色，我们将在后面的章节中予以阐述。

对修女的鞭笞未必总是由女性来执行。本修道会的牧师亲自执鞭也并不是什么稀罕事。正是在这样的情况下，常常会掺杂进我在前面提到过的性的因素。

修女对着修道士的臀部挥舞皮鞭，反过来，修道士也鞭打修女。这确实是一个愉快而淫荡的游戏。

耶稣会会士特别痴迷于鞭笞。创立耶稣会的依纳爵·罗耀拉就曾亲自执鞭，而且，如果历史记录还算靠谱的话，他用鞭子的次数还颇不少。据库珀说，彼得·格尔森不满足于鞭打那些在正常情况下被认为应该受到惩罚的人，而总是"袭击那些正在地里

---

① 转引自克拉夫特－埃宾：《性变态》（*Psychopathia Sexualis*）德文第12版的英译本，第36页。
② 同上书，第36页。

干活的乡下女孩,并鞭打她们"①。

《记录与质疑》(1852年3月13日)的记者提到过一种特殊形式的鞭笞,被称作"鞭坟":

> 据古老的《罗马礼书》(Rituale Romanum)记载,被逐出教会的人在死后正式恢复教籍的时候,应该举行一个仪式:鞭打他们的坟墓。当教会决定让死者一方恢复与圣徒相通的时候,就下令不要挖掘尸体,但"应该鞭打坟墓,牧师要一边鞭打坟墓,一边说'根据我得到的权力,我让你摆脱革除教籍的束缚,恢复你信徒的身份'"。

---

① 威廉·M.库珀:《鞭笞的历史》,1868,第433页。

第10章
自我救赎

古代修道院生活中最引人注目的特征之一，就是广泛存在着自我鞭笞的做法。生活在今天的很多人发现，很难相信竟然存在这样一些人，他们会惩罚自己；正如他们以轻蔑的不信任态度来对待任何这样的陈述一样：如今（或任何其他时代）都有（或曾经有过）一些这样的人，他们乐意（或曾经乐意）别人用皮鞭抽打自己的身体。然而，在这两种情况下，他们都是错的。过去曾经有过成千上万的男人和女人鞭打自己；正如今天依然有男人和女人不仅允许别人鞭打自己，而且还付钱给那个挥舞皮鞭的人一样。

就宗教性质的自我鞭笞而言，有很多因素参与了传播这一习惯。首先，在很多宗教团体中，它都是一种人们建议想要赎罪的新成员遵守的习俗；而且，就大部分而言，他们对待这种习惯做法的态度，就像对待其他任何预期要接受的众多惩罚措施，或者他们答应要遵守的自我贬低仪式一样，并没有更多地想到反抗。再者说，在那些严酷的日子里，跟今天比起来，男人和女人的意志都更为坚强，反抗教规无论如何都会导致鞭笞，肯定会招致更严厉的惩罚，比他们施予自己的惩罚要严厉得多。而且，尽管我不会走得太远，以至于说这种自我鞭笞完全是一种"不可抗力"，但我想，在很多情况下，如果暗示大多数修道士希望通过自我鞭笞来赎偿他们的罪孽和过错，则有可能被解释为某种东西，让人怀疑是不是像一道命令那样。

◆ 准备接受鞭打

然而，有足够充分的理由认为，在所有情况下，这种解释都是远远不够的。例如，它肯定不足以解释为什么有那么多的王室成员及其他身份高贵的名流要人会自我鞭笞，或自愿接受他人的鞭打。同样，它肯定不足以解释，各宗教团体的领袖——即圣徒、主教等人——为什么会自我鞭笞。在所有这样的实例中，对于任何一个令人信服的解释，我们都必须探查得更深一些。

毋庸置疑，在某些情况下，我们不必走得太远，只需看到：人们普遍相信鞭笞的所谓医学好处及其他优点。但是，这里我们不得不承认存在某种形式的痛苦，某种愠怒，以及它所带来的相当严重的侵害。因此，这样一种解释明显在相当程度上限制了它的应用，而且在任何情况下都不能解释——除了相对较少的实例之外——这一惯例为什么长期持续。

最后，而且最重要，我们被迫退守到那种在宗教狂热者当中——必须承认，所有成为修道士和修女的人无疑都饱受宗教狂热的折磨——经常出现的需要，这就是：需要找到某些手段，来压制他们头脑中不可抗拒地产生的世俗渴望。因此，很多迂回曲折的自我折磨的方式大受欢迎，其中，鞭笞是最普遍的方式之一。人们牢固地确立了这样一种信念：自愿接受痛苦、折磨或羞辱，作为赎偿自己对上帝或教会所犯下的罪孽或过错的赎罪手段，是有效的。而且事实上，直到今天，这种信念都是很多五花八门的宗教的组成部分。忏悔主要出现在天主教信仰中，它属于"七大圣礼"的第四项。正是这一坚定的信念，导致古时候教会的领袖们甚至愿意鞭打自己（或忍受信徒们的鞭打），穿粗麻布贴身衣服，折磨自己的肉体，长时间地斋戒，破衣烂衫、涂满污秽地游街示众，以上百种不同的方式羞辱自己。也正是这一坚定的信念，导致他们无论何时，只要碰巧被诱惑所困扰（此事经常发生），就会通过自我惩罚和自我羞辱来驱散这样的渴望。

千万不要忽视了这样一个事实：在很多情况下，牧师们真诚地相信，自我惩罚作为一种牺牲的形式，将会取悦于他们所崇拜的上帝。这一信念为各种形式的苦行主义——从罗马天主教牧师的禁欲，到西藏瑜伽修行者和印度托钵僧的极端苦行——提供了一种解释。而且，跟这种取悦上帝同时发生的是，唤醒公众的同情或怜悯，这样的同情或怜悯不可避免地跟任何形式的殉道联系在一起，无疑是那些沉湎于自我鞭笞的人念念不忘的。

毫无疑问，过去的圣徒们正是靠这些行为，以及其他（或真或假的）类似做法，建立并维持他们的名声。对这一发现来说，有很多能揭示真相的实例。《1839年封圣的圣徒列传》（*Lives of the Saints Canonized in* 1839）中就有这样的例证。在提到圣力古利的时候，书中声称，他鞭打自己的时候非常的严厉，甚至"有一天，他的秘书不得不破门而入，从他手上夺下皮鞭，以免他鞭打自己过于猛烈，最后把自己打死"。书中还提到，圣巴济斐谷总是鞭打自己到这样的程度，"以至于所有那些在他鞭打自己时听到皮鞭呼啸或看到血流如注的人，都不由得充满了恐怖"。接下来，《圣经》中的英雄也树立了榜样。让所有跟基督教有关系的人都肃然起敬的圣保罗，就曾被奉为自我鞭笞的信徒和践行者。"我是攻克己身，叫身服我。"（《新约·哥林多前书》第9章第27节）这里有一种自我招供的态度，很少有人做到。我们还在《旧约·圣歌》中读到这样的话："因为我终日遭灾难，每早晨受惩治。"

自我救赎 10

◆ 皮鞭在很多宗教里都有着特殊的隐喻

有了所有这些观念牢记在宗教领袖们的心头,奉行那句古老的格言——"雌鹅可以吃的,雄鹅也可以吃",也就不是什么值得大惊小怪的事了。于是他们规定,所有这些忏悔形式,同样都适用于信徒。那些不能羞辱自己的人,不能施行自我惩罚(这些对于取悦教会、抚慰上帝来说必不可少)的人,将被拒绝进入天国。在现如今这个不可知论和无神论广泛传播的年头,人们很难——在某种程度上几乎是不可能——准确认识到:教会的这些论点,由于牧师、主教和圣徒们的亲自实践,而获得了多么强有力的支持。拒绝教会的好处,否认对未来天堂生活的期望,就像拒绝现世的长寿一样糟糕,甚至更糟糕。主要是由于这些原因,国王和贵族们才会满怀激情地践行那些令人羞辱和痛苦的自我惩罚。

那些狡猾的牧师,也利用当时人们的无知、迷信和轻信,毫不犹豫地求助于一些伪造的记述——那些鞭笞自己的人如何获益,而那些不这样做的人如何倒霉。以他们自己的方式,并考虑

◆ 修道院里的鞭笞

自我救赎

到他们所处时代的局限,这些早期的宗教宣传员们能够借助于五花八门的夸大宣传,这些手段的效率,丝毫不亚于好莱坞广告代理商们最现代的手法。有些故事讲到,严厉而定期的鞭笞,可以使灵魂的目的地从地狱变为天堂。至少有一篇这样的报道流传开来,说的是一帮沉湎于自我鞭笞的牧师们聚集在一位死去的修道士的床边,导致他起死回生。还有一个故事,传到了那些轻信者的耳朵里,说的是那些曾经在凡间拒绝鞭打自己,或拒绝接受鞭打的人,他们在死后会遭到每一个居住于炼狱中的灵魂的狠狠鞭打。

性在很大程度上掺和进了此事,通奸是违犯教会规定的重罪之一。各种各样的自我惩罚是早期圣徒们克制性幻想和性欲望的最受青睐的方法。有一个故事讲到,隐修士彼得被迫把自己锁在房间里,鞭打自己的肉体,为的是防止自己诱奸一个他从歹徒手中救出来的漂亮女孩。尽管这个故事的可靠性颇为可疑,但毫无疑问的是:像这样的自我惩罚,对于克制邪思淫想来说常常是必不可少的。正是这些压制手段的紧迫,圣徒们——他们总是按照自己的标准来判断其他每一个人——才规定了类似的鞭笞手段。正是以同样的方式,现代神学家、道德家或清教徒找到了某些对克制自己的性欲必不可少的措施,并竭力让类似的禁忌或压制措施得到普遍的应用。

有迹象表明,自我鞭笞或自愿接受鞭笞早在修道院建立很久之前就已经存在。尽管在大多数已经记录在案的实例中,有理由推测,它们的起源跟性而不是跟宗教有关。希罗多德提到埃及人当中的这一习俗：在某些节日，在大吃大喝并给他们的神供奉过献祭之后，数以千计的男男女女便尽情尽兴地互相鞭打。希罗多德说："不允许他提及为何执行这些鞭打的原因。"阿普列乌斯说到过那些鞭打自己的祭司，他们外出的时候随身携带着鞭子，为的就是这一目的。

尽管早期修道会的规章都对任何自我鞭笞的做法谨慎地守口如瓶，但《鞭笞者的历史》一书的作者说：

> 在后来的规章中，这一做法得到了充分的补偿。因此，卡尔梅勒会修士每个礼拜惩罚自己两次；卡西诺山修道院的修士们每个礼拜鞭打自己一次；乌尔苏拉修道会的修女每个礼拜五鞭打自己；卡尔梅勒会的修女在礼拜三和礼拜五鞭打自己；圣母往见会的修女高兴什么时候鞭打就什么时候鞭打；英国的本笃会则依据不同的季节，每个礼拜鞭打的次数或多或少；圣境修道会的修士在每个大节日的前夜鞭打自己；嘉布遣会修士每天鞭打自己，等等。①

但是，即使在修道会的规章中可以做到守口如瓶，可传记作家和历史学家们却绝不会被这样的顾忌所支配。

那些为早期的基督教神学家们树碑立传的编年史家都曾提到热衷于这种自我鞭笞仪式的各色人等。圣帕杜尔夫在大斋节期

---

① 《鞭笞者的历史》，1777，第113页。

间，总是把自己脱得一丝不挂，命令一位门徒鞭打自己。还有一些人则自己执鞭抽打自己。圣威廉，蓬图瓦兹修道院院长（名叫高尔伯图斯），蓬波萨修道院院长盖伊，圣罗姆纳德，还有一些不那么重要的人物。通常的做法是每天接受鞭打，同时选择一首圣歌或《圣经》中的其他段落来吟唱或背诵，吟诵多长时间，就鞭打多长的时间。

◆ 圣罗姆纳德

然而，圣徒和修道士当中的所有这种鞭笞，至少直到基督纪元的第一个千年末，似乎一直都是偶发性的。对鞭笞的宣传，或多或少依然局限于对接受鞭笞者所得好处的粗略报道，借助口耳相传的方式在信徒当中流传。直到1056年，某个新近任命的红衣主教，名叫彼得·达米安，发动了一场普及鞭笞的运动。这场运动的结果，就是要推动整个基督教世界使用鞭子。国王和平

民，神学家和罪犯，贵族和农夫，都争相表现他们鞭打自己和互相鞭打的热情。

关于那个时代宗教领袖们当中自我鞭笞的习惯做法，我们所能得到的很多信息，也主要应归功于这位达米安红衣主教的著作。例如，圣多明我·洛瑞卡图习惯于把自己脱得一丝不挂，双手各持一根桦条，鞭打自己身体上每一个够得着的部位，持续时间以背诵《诗篇》的时间为准——不是背一遍，而是从头至尾背三遍。在一些特殊的场合，好像还是这位圣徒，一边吟诵完整的《诗篇》"12遍"，一边鞭打自己。这一做法，就连那位严厉而狂热的虐待狂主教，"在听说之后，也不由得满心恐惧"。另一个自我鞭笞的著名修道士是圣鲁道夫，他总是把自己关在单人小房间里，一边吟诵完整的《诗篇》，一边使劲地抽打自己。

如今，尽管有种种怀疑论盛行，并考虑到宣传的夸张（这是宣传员们常常饱受折磨的主要罪孽之一），但还是可以确证一个可靠的事实，这就是：这些关于圣徒及其弟子们自我鞭笞行为的记述中，有很多描述是千真万确的。任何一个人，只要深入挖掘宗教的起源和实践（不管是异教的还是文明的），并十分熟悉在不同时期曾风靡世界的各种信仰的起源，那么，他就会清楚地知道，信奉这些信仰的男男女女，就他们的狂热而言，究竟会到怎样的程度。这些对古代自我鞭笞的记述，在相当数量的实例中，都得到了证据的支持，毫无疑问，其性质足以证实这一现象的存在。与此同时，一定不要对下面这个事实视而不见：很多被轻信的作者们所看重的故事，都是在古往今来的旅行中搜集起来的，有大量虚构的修饰。而且，无疑有很多实例，其中掺进了幻觉的因素。很有可能，在无数的实例中，活跃的想象力把一根柔软的鞭子转变成了可怕的皮鞭，把屁股上几道若隐若现的鞭痕转变成了遍体鳞伤的斑斑血印。

在下面这个值得注意的段落中，《鞭笞者的历史》一书的作者提到另外一些更容易接受的惩戒手段：

> 事实上，用于这一目的的工具五花八门，它们要么是那些打算使用这些工具的心灵手巧之人在闲暇时设计出来的，要么是出于某种紧急场合的需要，灵机一动突然发现的。一些被激怒的学究便是这样，他们来不及找到合用的惩戒工具，就经常使用他们的帽子、毛巾之类的东西，一般说来，也就是什么顺手就用什么。有人言之凿凿地告诉我，一位绅士曾经抽打一位粗俗的年轻渔妇，用的竟然是她篮子里的比目鱼。在圣徒们当中，有些人（像穿胸甲的多明我）使用过扫帚；另一些人（像多明我会的创立者圣多明我）使用过铁链；还有一些人（像加尔伯特）使用过打结的皮带；有人用过荨麻，有人用过蓟。我在《黄金传说》(Golden Legend)中读到，某位圣徒没有自己的惩罚工具，总是抄起最顺手的东西惩罚自己，诸如火钳之类。圣布里奇特——正如我在同一本书中读到的那样——曾经用一串钥匙惩罚自己，某位夫人用一束翎毛惩罚自己；最后，桑乔用来惩罚自己的工具要简单得多——自己的巴掌。

◆ 圣多明我与圣方济各

也有可能，那些血腥报道中所写到的很多鞭笞，其实根本没有发生。我们在很多圣徒被魔鬼鞭打的故事中经常看到这一迹象——这些故事要么可以归因于幻觉，要么索性是向壁虚构。圣安东尼描述过一件这样的事：圣希拉里翁反复遭到撒旦的痛打，圣杰罗姆说，撒旦"骑在他身上，用脚后跟踢打他的两肋，用鞭子抽打他的头部"。圣五伤方济各记述过一次不同寻常的经历，说到他跟魔鬼之间的搏斗，以及遭到的可怕鞭打，这正是导致他匆忙离开罗马城的根本原因。这样一个故事，只要把它跟下面这个事实联系起来，必定会在任何稍有逻辑的头脑里引起怀疑：罗马城已明确告知这位圣徒：他不受欢迎，而且，如果他继续逗留的话，可能会危及他本人。

对赦免的需要导致很多王公贵族甘受皮鞭的惩罚。几乎用不着怀疑，知道鞭笞可以赎偿几乎各种类型的罪孽，与这一习惯在富人和权贵当中的盛行有着莫大的关系。我有一个想法：对今天

自我救赎 ⑩

◆ 圣五伤方济各

的很多人来说,如果有极其严厉的惩罚将要降临在他们的头上,作为对他们所犯下的某项重罪的惩罚,而且如果皮鞭所带来的痛苦和羞辱可以抵偿这种惩罚的话,那么,他们一定会兴高采烈地甘而受之。

在英国历史上,我们有一个得到了确凿证明的案例,这就是亨利二世国王。他对坎特伯雷大主教托马斯·贝克特的仇恨,导致他在一次狂怒中说:"这帮懒虫,这帮胆小鬼,我白白在我的宫廷里栽培他们,谁也不在乎对他们主人的忠诚,没有一个人愿意把我从这个出身低贱的神父手中解救出来。"这番话很是不幸,即便是对国王来说也是如此,因为后来贝克特大主教遭人暗杀,而且有人毫不迟疑地指控亨利二世是这次谋杀的同谋。作为一次赎罪行动,他不得不自愿到坎特伯雷大教堂接受鞭笞。这绝不是一个孤立的例证。雷蒙德六世亲王曾在巴伦西亚的圣伊莱斯教堂接受过鞭笞;亨利皇帝曾定期接受鞭笞;安茹伯爵福尔克,阿基坦公爵威廉,图卢兹伯爵雷蒙德,全都接受过鞭笞。还有,在11世纪,意大利的一位重要贵族——托斯卡纳侯爵,也曾在教堂接受一位修道院院长的鞭打。

法国的亨利四世国王更狡猾。当他在被革除教籍之后为了获得赦免而奉命去接受鞭打的时候,他创立了一种替代受罚的制度。根据这一制度,有罪并打算赎罪的一方可以雇人替代自己。他的两位使节(名叫杜·佩隆和奥萨)根据他的要求,用自己的身体代替他接受鞭打。不久之后,这两个人便飞黄腾达,成了红衣主教,这一事实似乎暗示了国王允诺给他们的犒赏是什么性质。此事发生在 1595 年，之后，这种做法似乎扩大到了自我鞭笞。人们愿意鞭打自己，作为一种赎罪手段，但不是给自己赎罪，而是给任何一个愿意付费的人赎罪。

女性也采用了鞭笞作为一种获得赦免的手段。卡尔梅勒会修女玛丽亚·马格达莱娜几乎每天鞭打自己，同时还甘愿接受别人的鞭打（参见第 9 章）。卡尔梅勒会的另一位修女卡多纳的卡特琳娜也这样做——她最后成了一个胡言乱语的疯子。圣哈德维格，圣希尔德加德，以及圣玛丽亚，全都是女人通过自我鞭笞而声名狼藉的例证。奥地利的安妮女王曾经让本笃会的一位告解神父对她施予惩戒。①

◆ 虔诚的修女

但是，倘若我们采信达米安（他是鞭笞问题最早的权威）的

---

① 起初，鞭打作为一种宗教悔罪形式被称作"惩戒鞭笞"（disciplina flagelli），但到最后，由于它在整个欧洲被广泛用于这一目的，"惩戒"也就成了鞭笞的同义词，而且仅指鞭笞。

证词，那么，有一个人称寡妇切哈尔德的女人就轻而易举地超过了很多人。这位夫人出身名门，地位尊贵，她鞭打自己不下于300次。这似乎可以肯定是一个荒诞的故事，我们完全有理由怀疑那位可敬的历史学家的准确性，或者换种说法，对他的轻信感到惊讶。

教会会议经常命令忏悔者接受惩罚。他们求救无门，只能服从，无论高兴也好，不高兴也罢，他们所接受的惩罚都是可怕的，在现代人听来，是难以置信的。关于这一点，亨利·查尔斯·李说：

> 在每个礼拜日诵读《使徒书》与《福音书》之间，忏悔者把衣服剥至庄重体面和寒冷天气所允许的最低限度，手持一根鞭子，准时出现在主持弥撒的牧师面前。牧师则当着会众的面，狠狠抽打他，就好像礼拜仪式中间一次恰如其分的间歇。在每个月的第一个礼拜日，做完弥撒之后，他将以类似的装束，走访每一个他看到有异教徒的家庭，接受同样的刑罚；在每一个庄严游行的场合，他都要穿着同样的装束随队而行，在每一站和终点都接受鞭打。即使这座城市碰巧被禁止宗教活动，或者他本人被革除教籍，这种自我惩罚也不会停止。看来似乎要持续忏悔者整个不幸的一生，或者，至少要持续到裁判官心血来潮地记起了他，并把他解放。[①]

[①] 亨利·查尔斯·李：《中世纪宗教裁判所的历史》（*A History of the Inquisition of the Middle Ages*），纽约，1906，第464~465页。

第 11 章
鞭 笞 运 动

每一个社会学研究者都清楚地知道人类与生俱来的群居本能。它远远超过动物或鸟类的群居本能,后者纯粹是本能性的。在人类的身上,这种本能是身体的、灵魂的和精神的。在今天人的构成中,这种群居本能依然是一股支配性的力量,就像在文明的早期阶段一样,也像在中世纪一样。这种群居本能,是某些外在显现的根源,在过去的时代,这些外在显现表现为各种不同的狂热,比如群舞、鬼神学、巫术、宗教十字军,等等。同样,它也是今天很多群体现象的根源,例如全国性广告活动,收音机,电影院,大众媒体,等等。

大批的男人女人对暗示的响应,是一切宗教运动、政治运动或社会运动的基础。对于某一给定的刺激,个别社会成员所做出的响应或行动,绝不可能以任何程度的确定性加以预见。而大规模人群的行动或响应,却能够以数学般的精确加以预测。假内行、江湖郎中、政治骗子、信仰复兴运动鼓吹者及其他情感贩子之所以获得成功,更多地要归因于上述这个事实,而不是任何别的事实。

如今，所有风靡一时的运动当中（其惯性和振奋人心的力量要归功于人们情绪的波动），就其壮观、狂热以及在后世观察者眼里所引起的怀疑而言，没有一场运动比得上过去几个世纪里一波接一波的自愿鞭笞。在13~16世纪的编年史中，充斥着对这些活动的描述。

◆ 圣安东尼

第一场公开鞭笞运动究竟爆发自何处，或者，究竟是何人对这一观念的实际起源负有责任，似乎颇有疑问。但可以肯定的是，圣安东尼好像跟此事大有干系。如果那个时代的编年史家们没有撒谎的话，他当年曾云游天下，到处向罪人们宣讲上帝的愤怒，以及忏悔和赎罪的必要，其方式颇有点类似于一位现代的敲锣打鼓的信仰复兴运动鼓吹者。而且在13世纪初叶，他似乎发

鞭笞运动

动了第一场组织严密的游行活动。游行队伍中的男男女女互相鞭打,其明确的目的就是要讨得上帝的欢心,并为自己挣得进入天堂的入场券。

大约在1260年前后,通过一个意大利隐修士和狂热分子的努力,使这场运动获得了生机蓬勃的推动力。此人名叫拉米尔,是个圣多明我会修士。当时的意大利正乌云密布,饱受磨难。这个国家一连串的灾祸——由于这样那样的原因——看上去似乎没有尽头。拉米尔有着那个时代的真正的宗教精神,他认为,忏悔是避免灾难的唯一途径,而且,像自我鞭笞这样一种普遍性的忏悔方式,相对足以赎偿所有激怒耶和华的罪行。

男人、女人和孩子,身上穿的衣服比一丝不挂好不了多少,除了皮鞭之外什么也没拿,神情严肃地列队而行,不断祈祷上帝宽恕,泪流满面,叹息呻吟,每隔片刻便用手里的皮鞭抽打离自己最近的人。这些忏悔者的队列无处不在。牧师们举着旗子,佩戴着十字架,走在队伍的前列。成千上万的狂热分子,步行穿过意大利。他们翻越阿尔卑斯山,涌入巴伐利亚、阿尔萨斯、波希米亚、波兰。在每个国家,每走一步,他们都吸收新的成员,使他们的队伍迅速壮大。"那些互相仇恨的人成了朋友。高利贷者和土匪强盗都赶紧把他们的不义之财归还给合法的拥有者。犯罪分子坦白招供。监狱的大门被打开,囚犯被释放,那些被逐出本国的人被允许返回家乡。简言之,基督徒的慈爱、谦卑和善意到处盛行。"

但是,尽管它异乎寻常地深受人民大众的欢迎,这场运动还是遇到了强烈的反对,这些反对来自竞争的其他信仰的领袖。它还遭遇了诸多的奚落和嘲弄。所有这些都是大多数新兴宗教的共同命运,没什么可奇怪的。摩门教徒,至善论者,唯心论者,见神论者,基督教科学派信徒,杜霍波尔教派信徒,震颤派教徒,等等,无一不曾遭遇这样的命运。两千年前,基督教本身也曾遭遇这样的命运。

◆ 鞭笞者的队伍前往德国

然而,1349年,这场运动像旋风一样横扫了整个德国。正是在这一特定时期,一场被称作"黑死病"的瘟疫蹂躏了这个国家。德国的这场运动明显肇始于斯彼拉城。在那里,鞭笞者始终在赶来观看的旁观者面前完成他们的宗教仪式。他们脱得只剩下衬衣,以各种不同的姿势躺在地上,接受鞭笞;要么由牧师负责执鞭,要么互相鞭打,同时吟诵圣歌,祈祷上帝消除瘟疫,以及其他祈求。同时代的历史学家、斯特拉斯堡的阿尔伯特说：

> 当鞭笞结束的时候，一位兄弟站起身来，大声宣读一封信，他声称，这封信是由一位天使带到耶路撒冷的圣彼得教堂的。在信中，天使宣布：耶稣基督被这个时代的邪恶给激怒了，并提到了几个实例，比如：不守安息日，亵渎神灵，高利贷，通奸，以及忽视了礼拜五的斋戒。对此，读信的人补充道，圣女和天使们曾恳求耶稣基督的宽恕，而基督的回答是：要想获得宽恕，罪人们应该被逐出他们的家园，在别的地方生活30天，在此期间还要不断惩罚自己。

他们离开斯彼拉，去了斯特拉斯堡，一路上不断有新成员加入，固执而狂热地加入进来，因此，到队伍离开斯特拉斯堡的时候，已经足足有一千人。

然而，这之后，这一教派不断遭到来自权势方面的越来越强大的反对。教皇反对这场运动；宗教裁判所拷打并处死它的领导人。

因此，鞭笞者们一度被迫偷偷摸摸地从事他们的宗教活动，直到16世纪末，这场运动再一次如火如荼。特别是在法国，这种狂热传遍了全国，甚至侵入巴黎城，并吸引了很多权势人物的关注。接下来，法国王太后首先皈依了这个教派，然后是亨利三世国王。有了他们的皈依，鞭笞者们达到了事业的顶峰，他们的地位暂时得到了确保。很快就有很多不同团伙或分支机构在法国各个不同的地区运作。1585 年,国王与洛林红衣主教、马耶讷公爵、吉斯红衣主教、主要朝臣和大臣以及上流社会的其他成员(比如重要官员)一起,组成了一个新的团队,被称作"天使报喜节兄弟会"。洛林红衣主教在一次公开示范之后,便卧床不起,没过几天便死掉了。据说,他致命的疾病要归因于严厉的鞭打和暴露。

仿效老爷和主人们的榜样,妇女们也开始接受公开的鞭笞,加入他们的游行队列。起初,她们当中那些更羞怯的人总是要等到天黑之后,在夜幕的保护之下,方才接受鞭打;而另一些人则戴着面具(经正式批准);还有一些人仅仅满足于递送鞭子。但是,随着参与这些游行活动的女性——尤其是贵夫人——的数量不断增长,她们抛开了所有的端庄和羞怯。到最后,她们以男人一样的热情和活力,参与到这样的表演中来。库珀说:"在吉斯

◆ 鞭笞者在图尔奈(今比利时)

兄弟去世之后，对肉体苦行的狂热再次复活，这一次，女人和未婚少女都脱去衣袍，只剩下内衣，拿着鞭子跑来跑去。贵夫人半裸着把自己暴露在平民百姓的面前，对自己施予惩罚，为的是鼓励其他人仿效她们的榜样。"①

尽管这一教派有幸得到国王的支持，但这并不足以让它坚不可摧。法国的亨利三世国王尽管有王室血统，但任何独裁者都不可能不受惩罚地蔑视敌对的批评，也无权把那些在言辞和行为上未能对他们卑躬屈膝的人投入监狱，或流放他们。当时，也存在颇有势力的反对因素，反对一方的成员并没忘记批评和鄙视国王及其同僚们的荒唐举动。而且很自然，再一次有诸多的反对来自正统宗教的领袖们。有这样一个人物，名叫约翰·格尔森，其名望不亚于巴黎大学的校长。他出版了一部专著，指出鞭笞的邪恶，他声称这是一种残忍而邪恶的做法，并主张，当局应该认定它就像阉割和故意伤害一样非法。

还有一些人也哼唱着同样的曲调。直到16世纪初，议会为了回应不断高涨的舆论趋势，而采取了行动，禁止公开鞭笞，并宣布该教派的所有成员都是异端。

就法国而言，这是终结的开始。那些曾经强大的团队还有零零散散的残余。这些人关起大门，秘密地从事他们的宗教活动，但没有公开的展示或游行，甚至没有人尝试这样做。在欧洲的其他地区，偶有零零星星的努力，尝试复兴这一运动，但并不怎么

---

① 威廉·M.库珀：《鞭笞的历史》，1868，第111页。

成功。库珀提到，马比容神父曾声称，"1689年的耶稣受难节，他在都灵看到过一伙鞭笞者在游行"。1710年，依然有人在意大利看到过这样的游行队伍。科尔梅纳"提到过马德里发生的一次鞭笞游行"。迟至1820年，依然有鞭笞者在里斯本公开露面。[①] 在这很长时间之后，还有私人性质的"鞭笞俱乐部"在秘密活动。但很有可能，当时这些，就像今天存在的某些有点类似的"协会"一样，是在用宗教的外衣掩盖纯粹的色情目的。

◆ 不再大张旗鼓的鞭笞者

因此，这个世界曾经目睹过的这样一种古怪的宗教迷狂，就这样湮没无闻了。

---

① 威廉·M.库珀:《鞭笞的历史》，1868，第113页。

鞭笞运动 11

今天，在惊讶于这样一种不同寻常的宗教现象竟然生存了数百年的同时，千万不要忽视了这样一个事实：所有宗教的成功，在很大程度上都要归功于它们的耸人听闻。戏剧性始终是任何宗教崇拜的根本特征，提供的戏剧性展示越是有效，这种宗教崇拜就越成功。古往今来，我们在五花八门的宗教信仰的繁荣兴旺中都看到了这样的例证。它们全都展示了自我吹嘘的骗术，用五花八门的花哨包装精心打扮自己，出现在五花八门的戏剧舞台上。新教信仰一直在很大程度上依赖于它的典礼和仪式；罗马天主教有过之而无不及，并因此而获得了更广泛、更持久的成功。在基督教的早期，根本没有求助于那种戏剧性的展示，而这样的展示，后来的教会总是屡试不爽，每每能吸引大量的群众。即使在今天，当欧洲和美国的宗教病入膏肓、行将灭亡的时候，任何能够点燃的暂时爆发，都跟一场新的免费展示的上演有关。宗教复兴运动、比利礼拜日、忍冬威利等等宗教团体的古怪举动，都曾成功地让教堂里挤满了人，仅仅是因为老戏穿着新衣登台上演。

毫无疑问，很明显，面对电影院、电台以及其他很多诉诸戏剧性手段的竞争对手，教会能够拿得出手的表演，大抵都陈旧过时、粗糙简陋。而且，越来越富裕的民众已经对免费表演不太感兴趣。他们宁愿花钱买电影院里的一个座位，也不愿接受教会免费提供给他们的任何东西。暗示的影响力依然存在，也依然强大。但它发挥作用的方式完全不同，它需要不同的表演模式。今天的新闻大战有着强大的情绪感染力，已经在很大程度上占据了

◆ 很多宗教仪式都带有一定的表演性

曾经由宗教独占的位置。

　　回首过去的几个世纪，正如历史所描绘的那样，在社会学研究者看来，自我鞭笞表演对民众所产生的影响很容易理解。它的戏剧性因素，及其暗示的力量，都相当大。所谓的痛苦特性，只不过起到了增强其戏剧效果的作用。人们总是把它跟极度痛苦联系起来，其实很多这样的痛苦多半是子虚乌有的。古代的宗教贩子以现代人的种种技巧来表演他们的把戏。一位目击者描述了大斋节期间在罗马的卡拉维塔教堂举行的一次鞭笞仪式，在这篇记述中，有一段让人哑然失笑的讽刺性暗示。仪式持续了一刻钟，在此期间，教堂里一片漆黑，从声音判断，有些崇拜者使用鞭子，而另外一些人则用自己的巴掌。"数百人，"作者说，"肯定在抽打着某个东西，但究竟是抽打自己的裸背，还是抽打教堂的地面，咱就不得而知了。"①

---

① 詹姆斯·加德纳:《世界上的宗教信仰》(*The Faiths of the World*)，第901页。

第12章
让整个世界谈虎色变

如果有人愿意到过去的记录中去挖掘一份记述迫害、虐待和酷刑的材料，并把罪责定在对这些迫害、虐待和酷刑负有责任的一方，那么，他就会发现，其中很大一部分的策划和执行要归功于宗教领袖和宗教狂。从这个角度上说，宗教的历史，就是人对人施行虐待、迫害和不宽容的历史。一个人（无论是男人还是女人）一旦被宗教狂热所点燃，他就立即毫不含糊地变得对任何理智之人不能容忍。更有甚者，宗教十字军战士满怀着要让别人皈依的激情，成为一个潜在危险，威胁到人民的自由。现如今，科学和机器时代的发展已经极大地削弱了基督教的力量，竞争信仰的追随者、不可知论者和无神论者能够公开地展示他们的异端邪说，而很少遭到社会的排斥，肯定不会有任何危险威胁到他们的四肢和性命。但事情并非一直如此。今天的宽容姿态完全是现代的发展所致。直到相当晚近的时期，所有人——除了年轻一代之外——回想起来都不由得胆颤心寒。曾几何时，人们表达的某些观点，搁在今天根本不会引起批评或议论，而当初发表这些观点的人，即便不是面对牢狱之灾，也会遭到社会的排斥。倘若50

年前的观点和反应全都恢复了它们从前的权力,倘若过去存在的法律依然生效,有若干的作者会在困顿中度过他们的余生。我本人就公开发表过一些观点,这些观点要是搁在 20 年前,恐怕足以危及我的个人自由;要是在 200 年前,则肯定会导致我被烧死在火刑柱上。

◆ 宗教裁判所的酷刑场面

不妨回过头浏览一下那些让基督教的事业永远蒙羞的可怕行为的清单,由那些组成宗教裁判所审判委员会的宗教显贵们付诸实施的残暴行为,使得所有其他恶行看上去就像小孩子的恶作剧。要想解释这样的行为,你只能猜测:那些被任命来审判不幸落入宗教裁判所魔掌的男男女女,那些实际上负责执行判决的人,都是些宗教施虐狂,跟他们比起来,臭名昭著的萨德侯爵① 纯洁得就像百合花;要么,宗教已经把他们变成了疯子

---

① 译者注:萨德侯爵(Marquis de Sade,1740~1814),法国著名的施虐狂和色情作家,其作品以描写性变态著称。

或恶魔。

下面这个事实中存在着无情的反讽：表面上，宗教裁判所是作为法庭或神圣裁判庭而创立的。这个想法似乎是出自一位多明我会修士的头脑。至少，第一个这样的法庭是多明我会修士创立的，并得到了教皇的批准。此事大约发生在13世纪30年代前后。一旦开了这个头，计划很快就在所有罗马天主教国家变得流行起来。

最初的想法是，组建某种形式的教会法庭，审判和惩罚各种违犯教规的行为。然而，尽管巫术、占星术、占卜、算命和各种类似的违规行为都由这个法庭来处理，但它的主要努力还是集中于惩罚宗教上的异端邪说。①事实上，不管给出了什么样的理由来证明建立宗教裁判所的正当性，毫无疑问，通过把所有异议者置于上帝震怒的恐惧之下来促进罗马天主教，终归是它的建立、它的扩张以及它持续存在几个世纪的最主要的理由。

有一点倒是真的，打压异端分子（不管是真的还是别人指控的）的运动，无论何时何地，只要有机会就总是有人发动。还有一点更是真的：对那些被发现信奉或宣传其他竞争性宗教的人来

---

① 通过仔细研究历史记录，似乎可以看出，第一部带着压制异端的明确目的而通过的法律，是公元382年的那部法律。根据这部法律，异端分子将被处死刑。那些获得授权去搜捕并惩处异端分子的官员，被称作"裁判官"。但是，不像差不多一千年之后由教皇及其宠臣所任命的宗教官员，这些早期的裁判官是由教会从世俗教友中选择来从事这项工作的。尽管宗教裁判所的触须从未伸入英国，但根据1400年的法律，异端分子也可以被判处死刑。

◆ 阿尔比教派

说,严厉的惩罚——甚至于处死[①]——常常是他们在劫难逃的厄运。然而,对异端分子施加什么样的惩罚,并不存在统一性;在

---

① "在你们中间,在耶和华你神所赐你的诸城中,无论哪座城里,若有人,或男或女,行耶和华你神眼中看为恶的事,违背了他的约,去事奉敬拜别神,或拜日头,或拜月亮,或拜天象,是主不曾吩咐的,有人告诉你,你也听见了,就要细细的探听,果然是真,准有这可憎恶的事行在以色列中,你就要将行这恶事的男人或女人,拉到城门外,用石头将他打死。"(《旧约·申命记》第17章第2~5节)

某些案子中,革除教籍被认为足够了;而在另一些案子中,异端分子则要被烧死。在某些案子中,由教会进行审判,而更常见的情况是由民事当局审判。

某些有影响的异端教派,权力越来越大,行为越来越放肆。这导致教会要求国王和亲王们收紧迫害异端的规章制度,并最终宣布,此事最好是由教会自己来处理。所有这一切,跟宗教裁判所作为一个专门处理这一特殊犯罪的永久性法庭的建立,无疑有着莫大的关系。

数百年来,罗马的教会一直因一个被称作"阿尔比教派"①的反叛教派而伤透脑筋。他们都是些反叛者,而且是强有力的反叛者。实际上,他们唯一的异端在于这样一个事实:反对天主教教会的某些教条,拒绝接受它的独裁统治。他们都是些虔诚的基督徒,崇拜拟人化的基督教上帝。那些关于他们的不道德、他们的渎神、他们的性变态以及其他种种罪行的描述,全都是子虚乌有。这些说辞全都是罗马的神父们凭空捏造出来的,为的是支持一场穷凶极恶的而且毫无道理的迫害运动。

罗马教会调动了它所有的资源,要求所有亲王和君主效忠于教皇,在一场讨伐阿尔比教派的圣战中团结起来。它着手发动一场持续猛烈的战争,直至所谓的异端分子被驱散或消灭。作为一个异端教派的领袖,图卢兹伯爵雷蒙德六世被教皇革除了教籍。

---

① 这个名号最初通常被应用于法国阿尔比地区的一个在图卢兹伯爵雷蒙德的保护下建立起来的教派。然而,它最后成了一个总称,被罗马教会用来描述每一个不接受其教条的教派。

他被迫把他的 7 座城堡交给了罗马教会，而且，大概是为了使自己免遭进一步的迫害，可能也是为了保住自己的性命，他甘愿接受鞭笞。根据教皇的命令，伯爵在圣阿格勒教堂遭到了严厉的鞭打，以至于他那血肉模糊的躯体不可能重新穿上衣服。

接下来，正是在这场冲突当中，并且是为了把所有持异议者置于酷刑和死亡的恐惧当中，罗马教会创立了宗教裁判所，而且，正是在图卢兹举行了第一次审判。有一个说法似乎不是十分肯定，据说，有两个人对这一计划的构想负有责任。当整个欧洲都对它感到恐惧的时候，这一计划注定要

◆ 教皇英诺森三世

变得臭名昭著，并注定要作为世界宗教史上一个最可怕的污点而被载入史册。有些历史学家把这笔账记到了教皇英诺森三世的头上，另一些人则认为，多明我修会的创始人多明我对这个想法的产生负有责任。很可能，如果我们能够得到真相的话，两个人都插手了这一计划的完善，因为两个人都一门心思要惩罚异端，甚至到了狂热的程度。不管怎么说吧，至少有一点是肯定的：这位

多明我被任命为第一任总裁判官。

紧接着第一个法庭之后,其他的法庭先后在法国、西班牙、德国、意大利和葡萄牙各地建立了起来。那些被发现犯有异端之罪的人,被判处不同的惩罚,从充当船上的奴隶,到终身监禁,直到在火刑柱上烧死。① 实际上,死刑判决是仁慈之举,因为所有没被烧死的人,都要受到连续不断的鞭打和折磨,直到死神到来。无数的男男女女被以最微不足道的借口拖到法庭,一旦他们出现在总裁判官的面前,对他们的判决就会自动地接踵而至。教会编造伪证对他们提起指控,他们受到鞭打和折磨,直到他们承认安在他们头上的任何罪名。任何人提出的对被告不利的证据,都被法庭不加质疑地采信。实际上,把宗教裁判所的审讯室称作法庭实在是最冷酷的讽刺:它本身就是对司法公正的嘲弄。

在接受判决之后,悔罪者被带到宗教裁判大会(Auto-de-fe)② 上示众。然后,他们被剥得一丝不挂,骑上毛驴,脖子上挂着一块牌子,上书他们的罪行以及判决,他们被鞭打着走过大街小巷。裁判官们对任何性别和年龄都一视同仁,从不心慈手软。无论男女,不管老少,全都遭到残酷的鞭打。"在1607年1月7日巴伦西亚的宗教裁判大会上,"亨利·查尔斯·李说,"莫里斯卡一个13岁的女孩伊莎贝尔·玛达莉娜·科特里,在经受了酷刑折磨之后,又接受了100下鞭打。一个76岁的老人杰米·丘

---

① 在大英帝国,最后一次处死异端分子是1696年在爱丁堡。
② Auto-de-fe(信仰行动)这一术语被用来描述:(1)宣布和展示西班牙宗教裁判所的判决的仪式;(2)由民事当局执行这一判决。通常,这样的执行是在礼拜日,而且老百姓对这样的场合总是兴高采烈。

莱拉在受酷刑折磨之后也被鞭打 100 下。86 岁的弗朗西斯科·马奎诺因为在寻宝过程中施行巫术而受到同样的惩罚。而 60 岁的马格达莱纳·卡赫特由于心脏病而逃过了酷刑折磨,但 100 下鞭打没有免除。"①

◆ 火刑是宗教裁判所经常判决的处罚

据《宗教裁判所的历史》(*History of the Inquisition*)一书的作者马钱特说,一位女士因为说"我不知道教皇到底是个男人还是个女人,我每天都听到他的神奇之事,因此我想,他必定是个非常罕见的家伙",而受到严厉的鞭打。她的伤势是如此严重,几天之后便死去了。这样的判决每天都在发生。我们在巴乔蒙特的回忆录中读到:"1778 年 11 月 24 日,宗教裁判所的总法庭举

---

① 亨利·查尔斯·李:《西班牙宗教裁判所的历史》(*A History of the Inquisition of Spain*),纽约,1906,第三卷,第 137 页。

行了一次秘密会议。会上,被指控为异端的保罗·奥利瓦雷斯出庭,被判处没收财产,在修道院监禁8年,并接受鞭打。在鞭打的同时由助理牧师吟唱圣诗《求主垂怜》(*Miserere*)。"

500年来,这个宗教裁判所一直在执行它的酷刑、虐待和迫害的方针。在西班牙,达到了顶峰,创造了酷刑的记录,使得西班牙宗教裁判所成了让整个世界谈虎色变的东西。洛伦特(一位当代历史学家)从裁判所审判委员会保存的记录中获取了证据。他声称,仅在西班牙,在不到40年的时间里(1481~1517),就有大约13000人被烧死在火刑柱上;在1481~1808年间,被烧死或被酷刑拷打的人数高达341021人。一点儿也不奇怪,罗马天主教信仰在欧洲迅速兴盛起来,它的力量和影响以旋风般的速度迅速扩张。

是拿破仑废除了西班牙宗教裁判所。在他流血杀戮的一生中,至少这件事情是

◆ 克里斯蒂娜女王

可以大声赞美的善举。诚然,这并不是它的终结。随着拿破仑在1814年倒台,斐迪南七世很快就让宗教裁判所重新运转了起来,尽管如今剥夺了它的大多数权力。但这次虐待狂的胜利,是一次短暂的胜利。1820年,紧接着自由革命之后,宗教裁判所再一次被镇压。不料大约5年之后,它再一次死灰复燃。最后,1834年,克里斯蒂娜女王永久性地切除了这个恶性肿瘤。在教皇的大本营意大利,它继续兴盛,不过,它是个已经去了势的宗教裁判所。它的牙齿被拔掉了。大规模肉体折磨的日子已经一去不复返。

然而,除了宗教裁判所引入、支持和施行的那些花招之外(它们事实上——即便不是名义上——代表了宗教裁判所),也还有其他形式的迫害和惩罚。从最早的时候开始,作家们的头顶上就悬着一把利剑——他们冒着酷刑、惩罚,有时候甚至是死亡的风险在写作。昔拉下令:犯有诽谤罪的作家应该处以极刑。据贺拉斯说,有的法律威胁要对任何一个把诋毁一位罗马市民的句子写成文字的人施以笞刑。正是因为这部法律,贺拉斯说:"我们的讽刺作家改变了他们的风格,而且因为害怕遭到杖责,他们再也不说任何人的坏话,只写那些令人愉快的诗篇。"就这样延续了很多代。富人和有权势的人可以放心大胆地我行我素,因为他们知道,他们可以惩罚或监禁任何一个胆敢揭露他们的人。当然,偶尔也有人敢这么做。他不可避免地要受到惩罚,不可避免地要遭受磨难。博马舍因为写《费加罗的婚礼》(*The Marriage of Figaro*)而被关进圣拉扎尔监狱,监禁期间每天早晨要受到鞭打。这是奉了路易十五之命。塞缪尔·约翰逊被指控诽谤,从新门监

狱到泰伯恩刑场一路上接受鞭打,总共挨了317鞭。就连伏尔泰也挨过鞭子。丝毫不奇怪,那年头对恶行的记录大多是死后出版,而且十分罕见。

随着时代的变迁,以及更多所谓的人道主义观念的传播,教会(包括天主教和新教)可能不得不限制和修改它们的迫害方法。但它们还是尽可能把迫害坚持下去。星移斗转,岁去年来,它们一直在践行着酷刑和迫害,直到相当晚近的那些年。因此,即便是在大度而宽容的英国,现在活着的人还清楚地记得,我们依然能找到英国政府所支持的宗教迫害的一个样本,就其残酷性和不

◆ 博马舍

宽容而言,它可以说是臭气熏天。1883年,在伦敦中央刑事法庭,《自由思想者》(*The Freethinker*)杂志的编辑 G.W. 福特因为发表对《圣经》的批评,而被诺斯法官判处12个月的强制劳役。面对这样一项极其不公正的判决,福特完全可以轻蔑地对法官说:"大人,我想,您跟您的信仰倒是蛮般配的。"

让整个世界谈虎色变

有人可能会说,这是 50 年前的事情。这倒是真的。那我们不妨跳过 30 年,来到 1921 年,也就是仅仅 17 年之前。那一年,一个名叫戈特的人因为写了一本小册子而被艾沃瑞法官判处 9 个月强制劳役。他在这本小册子中声称,基督"像个马戏团的小丑,跟在两头毛驴的后面"进入耶路撒冷城。对这一判决的上诉遭到了驳回。

过去 10 年,正如我在这一章的前面所指出的那样,我们目睹了在文学领域——尤其是在《圣经》批评和性的方面——表达自由的进步,以及更大的宽容。但审查的权杖依然高悬在非正统作家的头顶。距离任何真正而充分意义上的表达自由,依然有漫长的路要走。

第13章
臭名昭著的案例

◆ 教堂里的告解室

在男女修道院里，人们把鞭笞作为对各种不端行为的惩罚，而教会的成员则把它作为一种悔罪的手段。对此，受罚者都甘愿服从，很自然，这导致神父们建议把鞭笞作为那些招供其罪行的人的悔罪手段。忏悔者奉命脱去衣服，袒露于皮鞭之下。很少有人——无论是穷人还是富人——拒绝神父的命令。就连圣路易也甘愿在告解神父的手里接受惩罚。

这一惯例绝非仅限于男性忏悔者，女性同样奉命脱去衣服，准备挨打。

臭名昭著的案例

正如人们所预料的那样，对女性忏悔者的鞭笞导致了性侵犯，倘若她们年轻而又不乏魅力的话，则尤其如此。神父们渴望并乐于建议把鞭笞作为各种罪行获得赦免和宽恕的手段，他们甚至更加渴望并乐于亲自对着忏悔者赤裸的身体挥舞皮鞭。这种情况是如此普遍，告解室的神父们是如此热衷于使用皮鞭，以至于教会一次又一次发现，有必要颁布规章制度，对这些欲念加以克制，并提供一定的保护。在教会史上，早在教皇艾德里安一世时期，实际上就已经禁止主教、神父和助祭们鞭打忏悔者。另有一些规章则强烈要求牧师在倾听一个女人忏悔的时候，明智的做法是引述他们面前所张贴的《诗篇》及《圣经》中的其他经文，要敞开告解室的大门，以避免隐私可能诱发的世俗欲念。

然而，尽管有这些预防措施、这些法则以及规章，神父们依然毫不犹豫地命令女性忏悔者脱去衣衫，这一过程不可能不诱发色欲，且不说使用皮鞭本身常常会导致色情的效果。

这种冒犯——告解神父一方的——被认为跟诱奸是同一类型的犯罪，并受到相同的惩罚。查尔斯·亨利·李提到一桩此类性质的案子发生在 1606 年。一个名叫玛丽亚·埃斯库德罗的 40 岁寡妇作证说，她的告解神父特意安排到她家里探访她，"当他们几乎赤身裸体彼此相对、互相鞭打的时候，根据约定，他们将闭上眼睛"[①]。1795 年，耶佩斯的神父鲍里诺·文森特·阿雷瓦洛受到审判并被判刑，根据是他自己的招供：他"与自己的女性忏悔

---

① 亨利·查尔斯·李：《西班牙宗教裁判所的历史》。

者们犯下了最不能容忍的下流罪行"①。

鞭笞女性忏悔者的告解神父当中,最臭名昭著的一位是科尼利厄斯·阿德里亚森。正是由于他持续不断地对女性忏悔者施加鞭笞,才导致这一特殊的惩罚形式被人们普遍称为"科尼利厄斯氏惩罚"。

在另外一章中,我们将有机会研究鞭笞在鞭打者和被鞭打者身上引起性兴奋的某些细节,但在这里,这样说就足够了:毋庸置疑,有相当数量的神父滥用他们的职权,并对那些甘愿接受他们以训诫名义所施予惩罚的男人和女人犯有侵害罪。同样用不着怀疑,告解室常常只不过是举行那种淫乐狂欢的一个密室,你原本以为,这样的狂欢只能在妓院中找到。

说赤身露体的情况非常少见没有证据,不管这样的案例是不是少见。担当告解神父的牧师们在淫乱行为方面有很多有利条件。教会一直在竭力掩盖,或者是以每一种可能的方式,借助每一种在其权限之内的可行手段,压制任何有损牧师道德形象的事情。然而,在教会史上还是有少数案例,根本不可能压制住,而且都是典型性的,能够代表很多从未曝光的案例。有一个这样的案子,被称作"卡迪耶尔案",事实上,它是如此典型,如此意义重大,很值得在这里略加考察。

这桩案子可以说是教会法庭审理过的最轰动的案子之一。这出大戏的男女主人公是凯瑟琳·卡迪耶尔(一个容貌姣好、家境

---

① 亨利·查尔斯·李:《西班牙宗教裁判所的历史》。

富裕的 21 岁的年轻姑娘）和约翰·巴普蒂斯特·吉拉德（一个 50 岁的耶稣会神父）。场景是法国的土伦市。吉拉德神父先前是艾克斯拉沙佩勒的一位牧师，1728 年，他被调到了土伦，卡迪耶尔就居住在这座城市。神父很快大受欢迎，尤其受女人的欢迎，邻近地区所有大姑娘、小媳妇都愿意到他这里来忏悔。所有这些，并没有什么不同寻常之处。但他是个 50 岁的男人，这是个危险的年龄，对他的忏悔者，他总是施予教会所说的"惩戒"。对一个 50 岁的牧师来说，倾听那些

◆ 告解神父和他的忏悔者

妩媚迷人的年轻女士的性爱坦白，本身就足够危险。而且，当他眼睁睁地看着她们轻解罗衫，更有甚者，当他对着她们裸露的臀部挥舞皮鞭的时候，整个事情就变得更加危险了——简直就是灾难性的。不管怎么说吧，娇媚迷人的卡迪耶尔姑娘成了他的忏悔

者，或者说是弟子——他更愿意这样称呼她们。毫无疑问，他对她有了相当大的影响力。据这女孩子的陈述，他让她做了自己的助手。究竟是这姑娘自己故意勾引神父——像后来的调查中所宣称的那样——还是神父蓄意密谋策划，要诱奸这个女孩子，一直没有完全搞清楚，但毫无疑问，双方都有大量的伪证、借口和遁词。很有可能，神父与忏悔者双方都有应该受到责备的行为。然而，足够清楚的是，吉拉德神父，一个老到足以给这姑娘当父亲（无论是事实上还是假想中的）的男人，却对她大献殷勤，到她家里探访她，在那里尽情鞭打她，并跟她发生性行为。他对这女孩子的关照是如此殷切，如此频繁，以至于引起了人们的闲言碎语和猜疑。神父发现自己不得不停止去她家探访。故事接下来的情节是：在老吉拉德的建议下，卡迪耶尔进入奥利奥斯的女修道院，当了修女。在那里，神父可以定期去探访她，对她施予"惩戒"。如今，究竟是姑娘厌倦了老神父的关照，还是——似乎更有可能——神父越来越过分，直至他的"惩戒"变得任何一个稍存羞耻之心的女孩子都没法承受，这一点并不清楚。到最后，凯瑟琳向土伦主教投诉，并把整个故事和盘托出。吉拉德神父被暂时停职，在经过大量讨论和漫长的调查之后，事情被提交到了艾克斯拉沙佩勒的高等法院。它很快成了轰动一时的大案。耶稣会把整个事件看作有辱门风并有损其事业的丑闻，于是便拼命地为吉拉德神父辩护。凯瑟琳发现，自己竟然被当作罪犯一样对待——我想，这肯定让她大吃一惊。她遭到了各种各样的威胁，她被指控作伪证、密谋，以及还有更糟的事情。最后，陪审团没

臭名昭著的案例 ⑬

◆ 审判吉拉德神父和卡迪耶尔

法取得一致，案子被驳回了。

另一个臭名昭著的实例，是方济各会修士科尼利厄斯·哈德里恩的案子。他属于布鲁日的一座修道院，在长达10年的时间里（从1548至1558年），他成功地披着宗教的外衣，掩盖着淫乱而变态的生活，即使放在心理分析师的病史记录中，也显得非同凡响。他的方法是精心设计出来的，我毫不怀疑神父本人肯定认为自己的办法万无一失。对某些来到告解室的女孩子，他建议，在征得父母同意的情况下，她们应该每个礼拜去他家里一次——他的家紧挨着修道院，为的是在"神圣服从"方面给予她们特殊而必要的私人指导。不难预料，几乎没有例外，父母们都欣然同意，因为哈德里恩被认为是受人尊敬的神学家。姑娘们发现，所谓的"指导"包括神父所说的"私人惩戒"，它的意思是——用浅显易懂的话说——对她们赤条条的身体动用皮鞭。他的弟子包括很多上流社会的女士，她们眼睁睁地看着这种每周一次的游戏兴高采烈地持续了整整10年，直到事情败露。看来，他的大多数弟子像她们的这位好色的老师一样乐此不疲。

第四部分
以牙还牙,以眼还眼

第 14 章
"恶魔之笼"

痛苦——肉体上或精神上的——是惩罚的本质。人们设计出来的每一种惩罚形式,其目的都是为了把痛苦或折磨施加给某个个体;在某些情况下是肉体上的痛苦,在另外一些情况下则是精神上的折磨,而在大多数情况下,则是把肉体痛苦和精神折磨结合起来。

最早的惩罚形式纯粹就是报私仇,因为"以牙还牙,以眼还眼"这句谚语而流芳千古。这常常等同于报复,准确地说,这种惩罚形式包括一个人对敌人施加的报应或报复,类似于动物之间的互相报复。

惩罚制度进化中的下一步,可以在下面这个事实中找到例证:人们总是把施加惩罚的责任交给本部落的神祇或众神。对于所有原始而野蛮的种族来说,这种情况很常见。神的意愿由部落的巫师和祭司来解释。

随着文明的出现和发展,整个惩罚观念变得更加精细复杂,命令惩罚和施加惩罚的责任不再交给神,而是被社会本身所接受。随着这一新的发展,违规行为的数量,以及对报复或惩罚措

◆ 五花八门的酷刑

"恶魔之笼"

施的需要，都大为扩张。施加惩罚的机制变得越来越广泛。

对于不带偏见的旁观者来说，一直很难判定：究竟是在什么地方，以及在何种环境下，惩罚变成了酷刑。在很多情况下，这两个术语是一样的意思。对于有的措施，常常一个人称之为公正的惩罚形式，而另一个人却会称之为酷刑。在很多案例中，社会所施加的实际惩罚，总是以酷刑作为前奏。犯错者所遭受的预备酷刑，常常使得根本不可能再施加任何形式的规定惩罚。对这种预备酷刑体制的需要，跟社会精心设计的、作为一种公正保护措施的惩罚制度的发展密不可分。这样一套制度必然包含对有罪的证明作为其基本要素。正是因为有必要依据社会的正义观念，证明被告的罪行，才导致了口供被视为基本需要。口供是最有力的犯罪证据，正是带着获取这种铁证的明确目的，无论是教会法庭还是民事法庭，在基督纪元的千百年里，一直做出各种努力，设法诱使被告供认罪行。实际上，酷刑几乎是能够获得这种招供的唯一办法。在中世纪的巫术审判当中，人类的聪明才智能够设计出来的每一种酷刑都被用于这一目的。那些担任宗教裁判官的恶魔们使得酷刑成为一项精致的技艺。

在现代文明中，酷刑被认为跟人道主义水火不容，而人道主义被承认是惩罚制度的组成部分。惩罚在今天每一个文明国家的刑罚制度中都是与生俱来的，它被认为是人道的和公正的而受到称赞。但在任何意义上，"酷刑"这个词都不是这样。然而，把酷刑与惩罚分离开来殊非易事。只要那些与保护社会免遭掠夺者侵害密切相关的措施因为惩罚犯罪而不是防止犯罪而受到奖赏，

只要惩罚的性质和程度取决于犯罪的性质而不是取决于罪犯的心理,我们就不可能在任何完整或充分的意义上把酷刑跟惩罚区别开来。

千百年来,惩罚仅仅只涉及施行报复,并阻止潜在的或实际的犯罪分子对社会犯罪或再次犯罪。尽管威慑的目的在每一部刑法典中依然占据着重要位置,但同时还有一个额外的次要目的,这就是改造罪犯本人。倘若这样的改造被认为是可能的,或者就国家的利益而言是可行的。

对改造的需要或愿望,导致了整个惩罚观念的改变。某些惩罚方式,跟罪犯本人的改造背道而驰。在很多实例中甚至导致屡犯,使得罪犯发展成惯犯,或者产生反社会的看法。另一方面,满怀改革热情的人道主义者往往会忽视惩罚的主要目的之一,即威慑作用,借助榜样的力量,这种威慑被认为可以作用于社会群体当中其他人。

一种流行的观念认为:罪犯必然是一个反常个体,仅限于某些遗传类型或某个社会阶层。这一理论或许能让人松一口气,但它是不折不扣的谬论。每一个个体都是潜在的罪犯。对犯罪的避免,在绝大多数情况下,并不能归功于拥有很高的道德准则。正相反,它应该归功于对暴露、放逐或惩罚的恐惧。归根到底,唯一的罪行是被揭露出来的罪行。如果对犯罪的惩罚变成了这样一种性质:它不再带来任何程度上的放逐、羞耻、干涉自由或沉重的经济损失,那么,它就不再以任何方式起到威慑的作用。另外,犯罪后果的严重性也会同时减少。上个世纪的重罪,在下个世纪成了微不足道的轻罪。

  偷窃任何种类的财产都是可以被判处监禁的犯罪行为。但实际上,惩罚并没有以收监服刑而告结束,还牵涉到社会排斥,以及——在某些情况下——终身的羞耻感。一个醉鬼或一个学艺不精的驾驶员对他人人身或财产所造成的损害,是一种可以判处支付经济赔偿的罪行,在某些案子中,还可以判处罚金。但事情到此为止,不涉及羞耻感,不存在社会排斥这么回事。此外,驾驶员可以为他的法律责任投保,换句话说,就是为他的惩罚投保。结果是,这种惩罚毫无威慑效果,既不能阻止同一个人再犯同样的错误,也不能吓阻其他人犯错。这里,我们触及了现代社会的这样一个阶段:它对违法行为的反应非常类似于原始种族中盛行

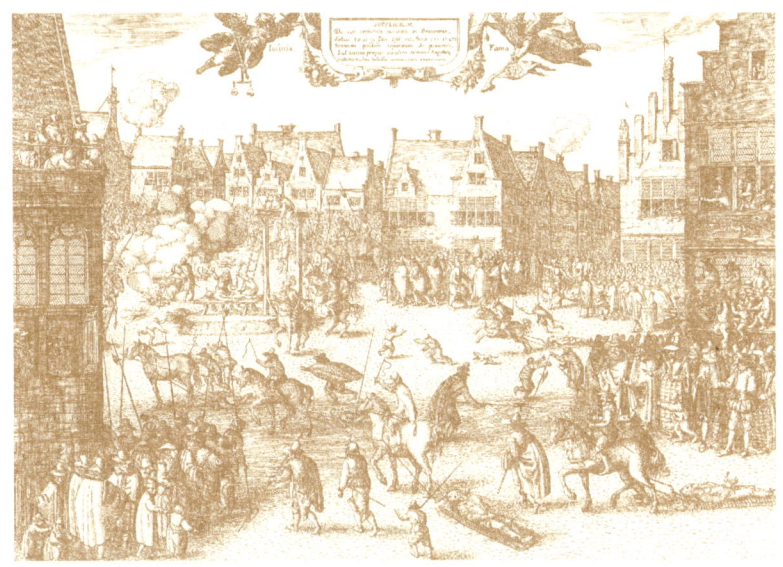

◆ 惩罚犯罪的措施五花八门

的那种做法——在原始种族中,施予的惩罚构成了罪犯对社会所负有的全部责任,而且,罪犯只要逃脱了死刑的惩罚,就可以不受约束地重复他的行为。

在现代文明中,对任何一种确定罪行所施予的惩罚,其威慑力取决于这种罪行被发现、犯罪分子被找出的可能性。对于职业罪犯则尤其如此。如果被发觉的危险微小到了可以忽略不计的程度,惩罚——不管它的性质或程度如何——就会极大地失去其威慑力或治病救人的价值,以至于再也不能证明它作为一种惩罚形式的正当性。它纯粹成了一种报复措施,本身是不合道理的,也是不可原谅的。

惩罚的效果受制于受罚者个人的本性。正是因为这一点,惩罚作为一种改造办法常常毫无价值。就职业罪犯和变态罪犯而言,它几乎一直就毫无价值。在犯罪者是个疯子的情况下,它总是毫无用处。在诸如此类的情况下,唯一有效的方法,就是把隔离作为一种保护和限制的措施。

在所有犯罪分子可能有改造效果的情况下,危险在于:法律所判决的惩罚形式,就其性质或程度而言,我们可能会犯错。那些严厉的或有辱人格的惩罚形式,常常让所有可能的改造希望化为泡影。相反,倒是有可能会制造出一个职业惯犯来。

正是在这里,惩罚性质的重要性凸显出来了,它更多地不能依据犯罪行为本身,而是要依据犯罪的原因和罪犯的心理。一次违法行为,甚或是严重犯罪,都有可能是由于轻率或粗心导致的。而在另外的情况下,一次类似的犯罪,则有可能是因为犯罪

"恶魔之笼" 14

者能够在犯罪过程中获得快乐而故意实施的。在这两个案子中采用同样的惩罚,将会极大地挫败这一惩罚可能具有的改造和预防的效果。

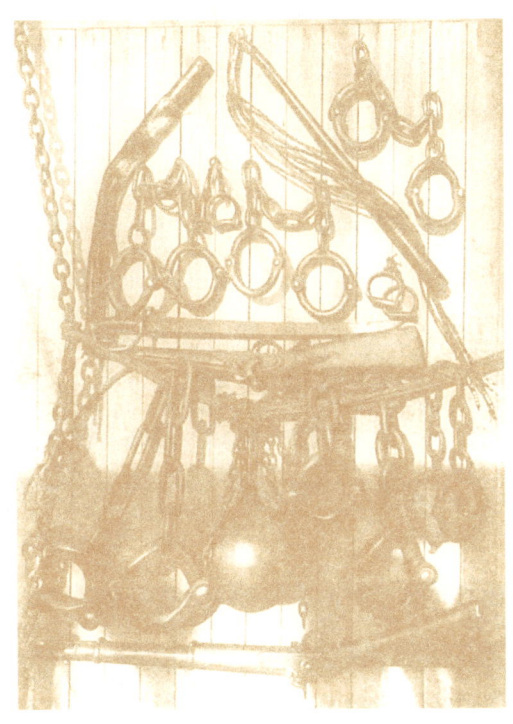

◆ 监狱里折磨囚犯的各种刑具

格外严厉或残忍的惩罚肯定不利于罪犯改过自新。它使惩罚可能拥有的任何正当理由都完全无效。毫无疑问,在无数的案例中,惩罚,由于它毫无必要的严厉性,把偶然的罪犯转变成了惯犯。俄亥俄州监狱的"恶魔"艾拉·马莱特的故事是一个很好的例证,说明了过度的惩罚和冷酷的对待可能会导致多么可怕的后果。马莱特曾向一位看守提出这样那样的抱怨,结果被指控"傲慢无礼",并遭到鞭打。此时,马莱特是一个有着非凡力量的人,拥有钢铁般的体格和坚强的意志,决心反抗他所认为的不公正对待。他拒绝工作,以此作为对自己所遭受不公正对待的抗议。监狱官员决心要挫败马莱特的锐气,他们动用了规章制度所允许的每一种酷刑。他们用"打磨过的"笞杖从头到脚、铺天盖地地抽打他；他们使用船首缆圈和"水疗法"。但他们还是没法把他打垮。他像个疯子一样战斗，打残了几个看守。最后，监狱以他是个危险的疯子为由，把马莱特像野兽一样监禁在一个被称作"恶魔之笼"的铁槛里。而且，老实说，作为这种对待的结果，这位犯人整个样子看上去就像是一个野蛮的人猿。每当有狱官和游客走近铁笼的时候，他就会对着他们含混不清地叽里咕噜。有一次，当一个看守冒险靠近铁栅的时候，马莱特突然伸出了他的报复之手，用一块锐利的金属，生生切开了看守的整个脸。

暑去寒来，光阴荏苒，艾拉·马莱特一直生活在铁笼里，人们像野兽一样对待他。接下来，查尔斯·爱德华·拉塞尔说（多亏他为我们提供了关于这一非常事件的事实）：

> 有一天，玛丽埃塔市的罗斯参议员——他是一位著名的公职人员和监狱管理委员会的新成员——来到了这座监狱，打听马莱特；关于他的案子，他已经听得太多了。监狱的人带他去看"恶魔之笼"。他叫人拿钥匙来。很多人纷纷提出反对。人们信誓旦旦地向参议员保证：靠近马莱特无异于自杀。但罗斯参议员执意要人拿来钥匙，门被打开了。参议员伸出了手。"过来，马莱特，"他说，"我们交个朋友吧。"马莱特握住参议员的手，摇了摇。"好了，"罗斯先生说，"我们坐下来吧。我想跟你说点事。"他们并排坐了下来，平静

"恶魔之笼"

地交谈了半个小时。这是第一次有人举止得体地对马莱特说话,并且没有带着任何威胁的表情看着他。他整个一生早已习惯于打骂,也把同样的打骂施予他人。从来没有人向他伸出友好之手,也没人对他说过一句亲切和蔼的话。如今,当他们这样坐在那里、说着话的时候,他似乎有一种古怪的感动。接着,他们站起身来,走出了铁笼,并找到看守。罗斯先生说:"这个人想去工作。"从那时起,马莱特再也没有遇到任何麻烦。他后来再也没有回到过"恶魔之笼",也没有接受过其他任何惩罚。如今,你可以在这座监狱里见到他。他是一个值得信任的人,一个医院的看门人,一个模范囚犯。[1]

---

[1] 转引自《监狱改革》(*Prison Reform*),第 61~62 页,查尔斯·爱德华·拉塞尔的原文发表于 1909 年 10 月的《汉普顿杂志》(*Hampton's Magazine*)。

第15章
行刑人的感受

我们已经看到,任何一种形式的惩罚,除了作为纯预防措施的隔离或监禁之外,其正当的理由都在于它发挥改造或震慑作用的价值。

那么,问题来了:施予体罚离实现这两个目标的距离究竟有多远。

这个问题一直被人热烈而反复地争论。从文明之初开始,就有人在竭力鼓吹使用体罚,并对它的好处大加赞美;同样也有人在竭力抨击它野蛮、残忍而无用。

还有公共舆论的"浪潮"支持鞭笞,这通常是某种特定形式的犯罪猖獗一时的结果,尤其是跟性或道德有关的犯罪。1862年勒杀犯罪的猖獗导致人们强烈要求在所有"暴力抢劫"的案子中使用"九尾鞭";还有更晚近的实例,"白奴"恐慌导致了1912年"刑法修正案"的通过,该法案认可了鞭打那些被发现参与这种不道德交易的人。

有些犯罪学权威声称,体罚比大多数取而代之的惩罚更加有效,与此同时,它不会对人的头脑造成持久而固定的伤害。论据

行刑人的感受

是：倘若它在程度和严厉性上始终都很合理的话，鞭笞的不良影响就被限制在短短几天的时间之内——而单独监禁的影响，或者跟现代"疲劳讯问"有关的精神折磨的影响，可能会带来心理上的后果，其程度很难预料。进一步的论点是：如今，人们对任何带有肉体痛苦意味的东西都感到恐惧，从而导致了这样一种趋势——在很多案例中，替代性的惩罚方式都会给罪犯带来心理上的伤害，同时，它们却提供不了任何威慑手段，阻止其他人犯下同样的罪行。在另外一些案子中，一笔罚金是唯一的惩罚形式。

对很多人来说，一笔罚金根本算不上什么惩罚。对兴旺发达的富人征收一笔稀松平常的罚金，并把它想象成一种惩罚，未免滑稽可笑。它所能做到的，充其量不过是引发一点点微不足道的烦恼。在很多情况下，甚至连烦恼都算不上。由于这个原因，在大多数案例中，罚金根本起不到威慑的作用。

然而，就大多数情况而言，鞭笞的影响却远不是其鼓吹者试图让我们相信的那样短暂而表面化。而且，这些影响，就其性质而言，依据个人的生理和心理的不同，有着相当大的差异。正如我们已经看到的那样（参见第5章和第7章），在很多案例中，严厉的鞭笞可能会导致严重的疾病，甚或是死亡。而且，尽管在如今这个年头，在医生的监督之下，或许并无性命之虞，但还是很容易诱发某些失调，作为这种鞭笞的直接后果。

将近200年前，关于这些危害身体健康的某种观念，就已经被那个时代的医学从业者所领会。在《鞭笞者的历史》中，我们

◆ 鞭笞的有害影响常常不只是身体的

行刑人的感受 15

读到了这样的段落:

> 事实上,医生和解剖学家告诉我们,人体各个部分公开交流的秘密就在于,对任何一个部位所造成的任何持续性的肉体损害,其他的部位都必定迟早要受到它的影响,因此结果是:我们前面提到过的那些严厉地鞭打自己的人,最后会陷入某种严重的失调,至少是发现自己再也不能继续这种对改进他们的道德如此有用的做法了。

我们已经看到,萨默维尔曾经把他在接受鞭打之后患上的疾病归因于这种惩罚的影响(参见第7章),而且毋庸置疑,这一猜测是对的。在《人道主义者》(*The Humanitarian*)杂志(1905年7月)上的一篇文章中,亚历山大·黑格博士指出,鞭笞所带来的痛苦"导致血压升高",这反过来又增加了心脏的负担。这种损伤对心脏造成的后果再也不可能完全恢复。① 马歇尔·霍尔博士说:"根据确定无疑的知识,我敢断言,每一下鞭打几乎都要奔着心脏而去,使它的机能停滞,或者被削弱。"②

然而,皮鞭对肉体的影响尽管很糟糕,但在大多数情况下,它对心理的影响远为严重得多。鞭笞是否能在任何环境下被证明是一项改造办法,这是颇值得怀疑的。就这方面而言,它对顽固不化的职业罪犯就像对初犯一样不起作用。职业罪犯不可能被改

---

① 转引自亨利·S.索尔特:《鞭笞狂热》(*The Flogging Craze*)。
② 同上书。

造。变态罪犯也不能。乔治·艾夫斯说："不久前，我收到一封信，是墨尔本的一位著名的刑事律师写来的，信中提到一位罪犯，因为先后5次性侵犯而分别遭到5次鞭打。"①

就初犯而言，在百分之九十的案子中，鞭笞不仅阻止不了再犯，而且几乎总是有效而成功地确保了再犯。非常典型的情况是，一个原本最有可能对旨在让他改过自新的处置办法做出响应的人，结果通过一顿皮鞭，注定要被转变成一个心怀怨恨、颜面丢尽、自甘堕落的被社会遗弃的人。

已故的马修法官说："我相信，如果一个人尚存善念，而又遭到'九尾鞭'的惩罚，他今后的余生，要么成为一个伤心绝望的人，要么就成为一个不计后果的罪犯。"霍金斯法官断言："你可以用你手里的皮鞭，把一个人造就成一个彻头彻尾的魔鬼。"②

作为一种预防犯罪的手段——阻止犯罪分子再犯，或防止潜在犯罪分子首次犯罪——皮鞭是否起了作用呢？这里，我们不得不再一次面对这样一个事实：每个人对不同形式惩罚的反应，存在着非常大的差异。据救世军的巴克上校说，有些囚犯"宁愿接受鞭打，也不愿单独监禁"；乔治·艾夫斯先生（多亏了他的介绍我们才了解到巴克上校的观点）声称：澳大利亚一所监狱的狱长告诉他："有一个相当麻烦的囚犯，他亲自下令，把这个人跟其他人隔离开来，结果此人主动提出，他可以接受鞭打，只要让

---

① 乔治·艾夫斯：《刑罚方法的历史》（*A History of Penal Methods*），斯坦利·保罗出版公司，1914年，第351页。
② 亨利·S.索尔特：《鞭笞狂热》。

行刑人的感受 15

他重新回到狱友当中。"① 就顽固不化的惯犯而言，鞭笞被证明毫无威慑力，因为在这样的案子里，我们所面对的是这样一个人：他选择了犯罪作为自己的职业，并时刻准备接受惩罚——倘若被逮住了的话。他所接受的惩罚，就是他所支付的对社会的欠债；磨难一旦结束，他就会故伎重演，重新开始他的犯罪生涯。就这一点而言，麦夸里总督的话颇有启发性：

> 如果鞭笞在防止犯罪上很有效的话，它早就把这些囚犯殖民地改造成了世界上道德最高尚的地方，因为新南威尔士和范迪门地几乎是持续不断地在使用九尾鞭。人们通常使用的九尾鞭，是那种平常的军用或民用九尾鞭；而麦夸里港所使用的九尾鞭，是一种比人们通常用来惩罚士兵或海员的那种鞭子更大、更重的刑具。它被称作"窃贼的九尾鞭"，或"双九尾鞭"。其鞭绳的根数跟通常的九尾鞭一样，但它的每一根都是双股鞭绳，每根鞭绳打了9个结。它确实是一种令人闻风丧胆的刑具。②

就麦夸里总督的陈述，博克索尔评论道："这种野蛮酷刑工具的影响，距离把麦夸里港的囚犯们打造成澳大利亚最鲁莽、最残暴的罪犯究竟有多远，大概用不着打听，但毫无疑问，它的影

---

① 乔治·艾夫斯：《刑罚方法的历史》，第227页。
② 麦夸里总督写给巴瑟斯特伯爵的报告（1813年6月28日），转引自乔治·E.博克索尔：《澳大利亚丛林囚犯的历史》（*Hutory of the Australtan Bushrangers*），第4~5页。

响是为恶，而不是为善。"

对于那些尽管轻率鲁莽却是在一阵疯狂的愤怒（作为病理状态的结果）中或者是在其他瞬时犯下罪行的人，问题的立足点则完全不同。在这种情况下，鞭笞作为一种防止再犯的手段肯定是毫无用处的，因为在大多数这样的案例中，可能诱发再犯的环境不大可能出现，而在另外一些归因于病理条件的案例中，任何形式的惩罚都将被证明是白费力气。最有可能出现的情况是，在罪犯有可能改过自新的案子中，一顿鞭打只不过成功地把他转变成一个顽固不化的惯犯。

用"九尾鞭"鞭打，由于它非常严厉，可能被证明是犯罪增长中的一个因素。正如贝卡里亚所说："一种非常严厉的惩罚，

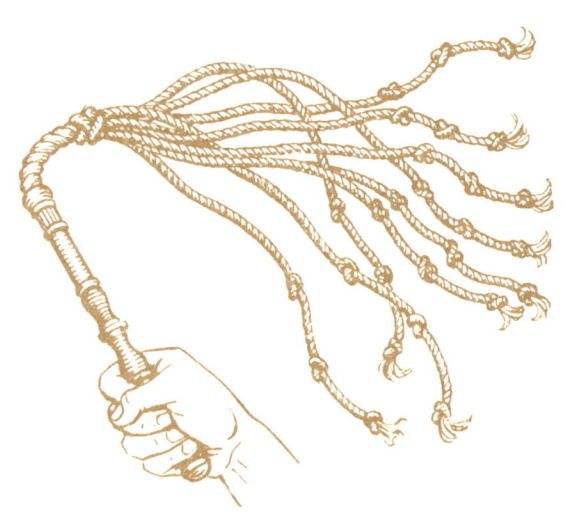

◆ 令人闻风丧胆的九尾鞭

行刑人的感受 15

导致人们为了逃避惩罚而敢于犯下更多的罪行；很多罪行就是这样为了逃避一次惩罚而犯下的。"一个人一旦遭受过鞭笞的折磨，再次惩罚的可能性就很容易导致他在努力逃避这样惩罚的过程中犯下更为严重的罪行。

那些支持鞭笞的人所提出的一个主要论点是：害怕折磨本身就足以吓阻其他人犯下一桩可以判处鞭笞的罪行。因此，它被认为是一种预防犯罪的绝佳手段。毋庸置疑，就某些方面而言，这个论点在当众执行鞭笞的年头还是有些道理。但是，随着公开鞭笞的禁止，这种惩罚形式的威慑价值几乎被剥夺得一干二净。

最后，还要考虑鞭笞对于挥鞭行刑者的影响，这一点似乎很少有人重视。人们对任何带有肉体痛苦意味的东西都感到恐惧，从而导致了这样一种趋势：在很多案例中，替代性的惩罚方式都会给罪犯带来心理上的伤害，同时，它们却提供不了任何威慑手段，阻止其他人犯下同样的罪行。不管他多么强烈地谴责罪犯因之而受惩罚的罪行，他都会发现，施加这样的惩罚是一件最令人不快的事情。在一桩罪行刚刚犯下的那一刻，出于一时的义愤而挥鞭抽打罪犯是一回事，而当他被捆绑起来、毫无防卫能力的时候，而且是在罪行犯下很久之后，再去鞭打他，则完全是另一回事了。

关于这一点，第87步兵团的约翰·希普有着切身的感受，而且很有意义。他说：

从我当兵入伍充当鼓手的那一天起，此后8年的时间

◆ 行刑

里，我敢说，挥鞭打人就是我的令人厌恶的职责，每个礼拜至少有三次。这项令人痛苦的工作，想躲都躲不掉，否则的话，鼓手长的藤杖肯定要落到我自己的肩上，要不就会被打发到黑牢里去。当行刑奉命开始的时候，每一位鼓手不得不依次脱去外衣，为的是放开手脚、干劲十足地抽打25鞭（由鼓手长慢条斯理地点数）。在我看来，这样的做法当中似乎一直有某种反常的、非人性的、有点像刽子手那样的东西，以至于我常常非常强烈地感觉到，我在奉命被迫打人的过程中不断地堕落。在一个可怜的家伙接受了大约100下鞭打之后，他的后背上血流如注，此后每多打一下，就鲜血四溅。就这样，等到他接受了300下鞭打的时候，我发现我已经浑身是血，从膝盖直至头顶，看上去就像是刚刚从屠宰场

行刑人的感受

出来一样。我被自己令人作呕的外表给吓坏了,列队检阅之后,我立即跑回了营房,以逃避士兵们的关注,我脱掉了衣服,然后,收拾起衣服,一点一点地洗去从那个可怜的受害者背部抽打下来的皮肉。[1]

谈到体罚作为维持监狱纪律的一种手段的徒劳无益,康普顿·麦肯齐说:

> 如果这些人从判决之初就允许他们抽烟,并且如果违犯纪律就以剥夺抽烟的权利作为惩罚,那么,九尾鞭恐怕早就成了博物馆里的一件古董,与毒舌钩和拇指夹为伍了。一百多年前,一个女人曾一边接受鞭打,一边穿过因弗内斯的街巷。现如今,我们搞不懂允许这样一种野蛮展示的祖辈们有着怎样的心理过程。再过一百年,我们这代人允许在监狱里使用九尾鞭时的心理过程究竟如何,也同样不可想象。[2]

---

[1] 约翰·希普:《鞭笞及其替代》,1831年,伦敦,第20页。
[2] 转引自威尔弗雷德·麦卡特尼:《有嘴巴的高墙:十年劳役监禁的记录》(*Walls Have Mouths A Record of Ten Years' Penal Servitude*),1936年,第170页。

第 16 章
"对付他们只有一种办法"

诚然，用九尾鞭鞭笞成年人与用桦树条抽打青少年之间存在着相当大的区别，尽管这两类惩戒都属于体罚。在恰当的监督之下施加一顿桦树条并不会危及生命和肢体，这样的惩罚很少给受罚者的身体健康带来有害的影响。与之相关的危险和罪恶完全是另外的性质。

如何对付青少年犯罪一直是个难题。之所以困难是因为惩罚的范围在这里必然要受到很大的限制。监禁和罚金——两种被广泛用来对付一切成人犯罪（重罪除外）的方法——完全被排除。把他们隔离在少年管教所里未必总是可行，在某些案例中，它并不构成一种具有改造或威慑性质的惩罚方式。

正是由于这些原因，很多人——包括英美两国的法官——持有这样一种观点：鞭笞，尤其是鞭笞青少年罪犯，会有相当不错的效果。据1928年3月11日的《纽约先驱论坛报》(New York Herald Tribune)报道，美国堪萨斯州的两位法官声称："除非这种惩罚是以残忍而异乎寻常的方式施行，在家里受到鞭笞的中学女生在本国的法庭上将得不到法律的救济。"另一位法官，"在

"对付他们只有一种办法" 16

◆ 打屁股是世界上最常见的教育手段之一

有人打电话向他询问,如果他们的孩子必须受到惩戒的话应该求助于何种方式时,他的回答是'揍他们一顿'。他声称,他认识本城(堪萨斯城)的至少150个女孩子应该狠狠鞭打。其中大多数姑娘在11~16岁之间"①。据《世界新闻》(News of the World)报道,1935年6月,一位法官在依据三项偷窃指控判处一个18岁青年6个月监禁的时候说:"要是我有权采取我认为对他最好的办法的话,我将下令狠狠鞭打他一顿,可我无权这样做。"②

H.里格比警长在谈到威根市青少年犯罪的增长时说:"我要十分严肃地指出,法律所规定的对付青少年犯罪的方法被证明彻底失败了。必须寻找另外的矫治办法。据我所知,没有一个青少年在狠狠地挨过一顿鞭子之后又重新回到这里的。"③

在1937年贝尔法斯特召开的英国医学会会议上,H.罗斯博士说:"在30年的时间里,他没有看到鞭打孩子所带来的任何不良效果。"④而吉尔伯特·奥姆博士(英国一所大型公立学校的前校医)声称:"某些孩子具有这样一种性格:对付他们只有一种办法,那就是施行司法惩罚。"⑤

南非的一位牧师T.B.鲍威尔最近在对东伦敦(南非)扶轮俱乐部发表演说时声称,他认为在家庭和学校里应该更多地使用

---

① 转引自亨利·S.索尔特:《皮鞭的回归:鞭笞新论》(The Strap Returns: New Notes on Flagellation),纽约,1933年。
② 《世界新闻》,1935年6月23日。
③ 《每日导报》(Daily Herald),1937年6月30日。
④ 《曼彻斯特晚报》(Manchester Evening News),1937年7月9日。
⑤ 同上。

"对付他们只有一种办法"

棍棒。并说，一般意义上的惩戒，以及在家里的特殊意义上的惩戒，如今在南非的每一座城镇都处于低潮。在每一个伟大民族的构建过程中，惩戒都扮演了一个重要的角色，他着重强调了惩戒在古希腊斯巴达城邦的价值和效用。在那里，年轻人受到鞭打并不是因为他们做错了什么，而是为了对他们的灵魂有益，惩戒被证明对孩子本人和对世界都有莫大的价值。①

与这些观点截然相反的，是一大批反对把任何种类的鞭笞作为惩罚措施的观点。

这一年的6月，亚历山大·阿德勒博士在对爱丁堡的一帮听众讲授个人心理学的时候声称，在他看来，体罚"绝不会激励一个孩子去做好事。它倒是让孩子蒙受羞辱，有时候往往让孩子疏远那个施加惩罚的人"②。

当鞭打青少年的问题被提交到1937年的英国医学学会会议（7月在贝尔法斯特举行）上讨论的时候，一致的观点是：应该废除这种做法。W.N.梅普尔博士说："任何一个专门研究儿童心理的人都会说，鞭打会带来无穷的伤害。"而在P.B.斯珀金博士看来，"鞭笞是一种野蛮行为"。在他看来，司法鞭笞不仅毫无必要，而且对遭受这样对待的少年罪犯的未来来说很可能是灾难性的。纽南博士说："作为一个曾经目睹过司法鞭笞的人，这种惩罚在他脑海里留下的印象是：它是令人憎恶的，有辱人格的，也是非人的。"

---

① 《纳塔尔信使报》（*Natal Mercury*），1937年6月4日。
② 《苏格兰人》，1937年6月29日。

体罚与人性
History of Corporal Punishment

◆ 体罚曾经是学校老师的法宝

在对伯明翰同业公会发表的关于"青少年犯罪和少年法庭的工作"的演说中,乔治·海恩斯先生(他是一位地方法官,本人在上学的时候就挨过鞭打)声称:"我并不羞于说出我本人挨打的经历。我还亲眼目睹过一次鞭笞——全校师生都眼睁睁地看着一个孩子接受校长施加的体罚。这些都是非常可怕的经历。"海恩斯先生打心底里相信体罚很不好,并继续说道:"还应该认识到,若干年前,鞭笞几乎是立即执行,而如今则要等上24个小时——进行体检等等——再实施惩罚。在此期间,父母和孩子都饱受精神的折磨。"①

---

① 《伯明翰报》(*Birmingham Gazette*),1937年7月5日。

"对付他们只有一种办法" 16

沃尔特·帕森斯先生的观点是:"你可以把邪恶抽打进孩子心里,但你没法把它抽打出来。"帕森斯自 1933 年以来一直担任利兹市少年法庭的主席,可以说在处理少年犯上相当有经验。他说:"心理学家越来越多地在少年法庭的工作中扮演重要角色。由于心理学家的加入,桦树条逐渐消失了。"①

地方法官、纽卡斯尔市少年法庭主席 C.J. 戴蒙德先生持有类似的观点。谈到下面这个事实——在 1935 年,纽卡斯尔(还有其他的大城市)的少年法庭没有体罚,戴蒙德先生评论道:"自少年法庭以现有的形式建立以来,我从未判决过体罚,而且今后我也不打算这样做。如果一位父亲能给他的儿子一顿痛打,那要比一个警察给他一顿鞭笞要有效得多。"②

1937 年 3 月 20 日的《英国医学杂志》(*British Medical Journal*)上发表了一篇颇有见地的文章《对儿童的鞭笞》,其中有这样一段:

> 一次法庭判决的鞭笞,不管给一个正在成长的孩子的心智带来怎样的伤害,都很有可能促使犯错者更加坚定地走上潜在犯罪的道路。目标不应该是惩罚少年罪犯,而是要发现:究竟是什么样的社会、家庭和个人因素对他的反社会倾向负有责任,要找到纠正这些倾向的办法。把他的手脚绑在一个三脚架上,然后用在水里浸泡过的桦树条抽打他,似乎

---

① 《约克郡晚报》(*Yorkshire Evening News*),1937 年 8 月 4 日。
② 《北方邮报》(*North Mail*),1937 年 8 月 4 日。

是让一个8岁大的孩子视社会为天敌的最好方式。

纳塔尔市的前督学O.K.温特顿先生说:"有人认为,把纪律强加给青少年的最有效的手段就是施加体罚,这一观念跟过去50年里最好的心理学学说完全背道而驰。"①

◆ 鞭笞对儿童心理的影响不可估量

有大量权威观点认为,鞭笞作为一种震慑手段价值不大。同一位罪犯总是一而再、再而三地受到鞭笞。已故的威廉·克拉克·霍尔爵士是少年犯罪方面的权威,当他发现接受过鞭笞的孩子当中犯罪率很高时,便终止了判决鞭笞,并得出结论:这种惩罚价值不大。②

缓刑委员会的委

---

① 《纳塔尔信使报》,1937年6月5日。
② 1937年7月22日,一个被指控偷窃未遂的14岁学生被带到哈利法克斯区少年法庭面前。他供认,上一年的12月31日他曾被带到法庭的面前,当时被判决接受鞭打。参见1937年7月24日的《哈利法克斯每周信使报》(*Halifax Weekly Courier*)。

"对付他们只有一种办法"

员利奥·佩奇先生在霍华德刑罚改革联盟暑期培训班上发表演讲的时候说:"对少年犯的鞭笞从来没有给出我们想要的结果。"①

霍华德刑罚改革联盟的名誉书记西塞利·M.克雷文在写给《牛津时报》(Oxford Times,1937 年 7 月 30 日)的信中说:

> 任何法庭,只要系统地保存了那些遭受过鞭笞的孩子此后的履历记录,它们的经验都表明,这些孩子当中再次被法庭判决的比例,要高于那些曾经被少年法庭以其他方式处理过的孩子当中的相应比例。教育委员会做过一项研究,对过去几年里 4 座可以随心所欲地动用鞭笞——针对各种违法行为,而不仅仅是针对"坏蛋"——的大城市的少年法庭处理过的所有案例进行了研究。该项研究所揭示出来的事实表明:所有接受过鞭打的孩子当中,超过 25% 的孩子在一个月之内再次被法庭判决,超过 76% 的孩子在一年之内被再判。而其他的方法,则没有这样惊人的失败记录。

体罚孩子(成人也一样)的主要麻烦,就在于跟制度相关的危险。这样的制度忽视了违法者身心健康上的差异,一视同仁地规定一种惩罚形式,而这种惩罚的严厉性极大地取决于承受惩罚的人。至于我们认为究竟是应该由父母或其他人在犯下罪行的那一刻施行鞭笞,还是应该由监狱警官在充分的监督下,并在经过

---

① 《每日镜报》(Daily Mirror),1937 年 7 月 31 日。转引自 W.N. 梅普尔 1937 年 7 月在贝尔法斯特英国医学协会会议上的演讲。

调查之后,再施予惩罚,关系都不大。

惩罚的程度,对一个正常的孩子可能不会造成有害的身体影响,而对一个体弱多病的孩子来说,可能就会导致严重的疾病。对于鞭笞(无论轻重),一个已经习惯于犯罪生涯的孩子可能会泰然(或漠然)承受,而在初犯者的身上,则会造成此后无法消除的心理影响。在所有情况下,危险在于:体罚将会制造出此前并不存在的阴郁、虚伪和狡诈,要么,在所有已经存在此类品性的实例中,它会发展或扩大这些不良性格。杜帕克大法官说:"在我的生活经历中,我一直注意到,法庭判决鞭打一个孩子,便是一出犯罪生涯悲剧的序幕。"

《大英百科全书》(第14版)"鞭笞"词条的作者所言不虚:

> 现代精神病学和发生心理学揭示了鞭笞孩子的内在危险,因为这样的过程可能会发展压抑、反感和神经质的特征,这些很可能会损害孩子的整个精神和神经系统。

早在埃塞尔雷德国王的童年时代,马姆斯伯里的威廉就讲述过这种抑制效应的一个实例。这位未来的国王总是被母亲用蜡烛抽打,下手是如此之重,使得这孩子被逼得几乎发了疯。这一印象在他的脑海中是如此强烈,蜡烛与痛苦之间的联系是如此紧密,以至于在他未来的整个一生中,国王绝不允许在他面前点亮蜡烛。

"对付他们只有一种办法" 16

◆ 学校里的鞭笞

在犯下罪行与判决鞭笞之间，必定有一段时间间隔。这段间隔大大地降低了鞭笞作为一种惩戒措施和威慑手段的价值，与此同时，却大大地增加了造成心理伤害的可能性。在罪行犯下的那一刻给予的一顿痛揍，完全不同于几天甚或几周之后由一位警官施加的鞭笞。正是因为这一点，大多数依然对所罗门那句经常被引用的箴言保持些许尊敬的人也都认为，应该允许并鼓励由父母、监护人、老师和管教所官员立即当场施加鞭笞，来取代法庭判决的鞭笞。有人认为，这样做将会驳倒反对司法鞭笞的两个最有说服力的观点：第一，正如我们已经提到的那样，实施犯罪与施加惩罚之间的时间间隔太长；第二，由警察施行的鞭笞，其效果衰减的程度跟罪行的严重性完全不成比例。诚然，在犯下罪行——特别是像虐待其他孩子或动物之类的罪行——之后立即痛

揍一顿，确实是最恰当、最有效的。与此同时，这样的惩戒——从施加者的观点看——是在盛怒之下、出于一时的道德义愤施予的，不像法庭判决的鞭笞那样冷血，那样有害。但是，不管这样一种制度具有怎样的优点，任何一种鼓励在缺乏有效监督的情况下施加鞭笞的方法，其内在的危险都足以抵消这样的优点而绰绰有余。而且，千万不要忽视了这样的可能性：一旦把惩罚的许可执照颁发给了父母和老师，残忍的本性和虐待狂的冲动就有可能得到放纵的空间。最后，受到严厉鞭打的孩子总是觉得，自己对加害者满怀怨恨，这不仅仅适用于治安法庭和学校的惩罚，而且也适用于父亲是执鞭者的场合。在任何反对家庭体罚的论点中，这一点都特别突出。有太多这样的案例，儿子对父亲的仇恨，其唯一的根源就是儿时所遭受的痛打。

　　除了已经列举的所有这些有害影响之外，还有一些牵涉到性方面的问题。由于对它们的存在一无所知，很少有人把这些问题纳入考虑的范围。我将在下一章中对这些罪恶加以考察。这些问题至关重要，因为它们构成了反对在任何情况下鞭打青少年的最强有力的论据。

第 17 章
与鞭笞有关的罪恶

一个众所周知的事实是,在某些情况下,鞭笞能刺激性兴奋。诚然,古代文献中提到色情鞭笞的材料十分有限,这种证据的缺乏导致某些作者得出结论:以性刺激为目的的鞭笞是相当晚近的事。而另一些作者则断言:它在这方面的影响仅仅局限于少数性变态者或病态案例当中。我想,这些推论都是基于最不可靠的前提。

某个社会现象在同时代的文献中很少甚或没有提及,这一事实在任何意义上都不能作为哪一方面的证据。有很多令人信服的、强有力的理由,足以说明当时的社会生活的某个特征为什么在同时代的某些小圈子中很少有人谈论。在我们的时代就曾发生过这样的事情,而且今后还有可能要发生。而在古代文明刚刚开始脱离襁褓的那些时期,发生这种事情的可能性要大一百倍。宗教有着非同寻常的力量,比方说,我们在考察 19 世纪中叶之前的社会生活的任何方面时,千万不要忽视了这一力量的重要性。批评者有失去自由的危险——即便不是丢掉性命的话。如果教会或政府希望某些习惯和活动不要载入史册,那些评论这些习惯和

活动的人就有同样的危险（参见第 12 章）。如今，记住这些要点，并把它们跟下面这个事实联系起来（这一事实我们在前面的章节里已经有过充分的证明）：鞭笞曾经被看作教会手里一个最有用的工具——这个教会拼命反对（至少是表面上反对）性欲的所有表现，发誓要针对任何可能诱发或刺激这种欲望的事物发动一场冷酷无情的战争——那么，我们就有一个强有力的、无可辩驳的理由，来解释一套明智而充分的审查制度的运转。因此，用不着大惊小怪，在涉及修道院里的鞭笞的所有记述中，都很少提到这样一种鞭笞对性刺激的任何影响，不管是有意还是无意。

有一个这样的假说：鞭笞仅仅在那些被称作性变态的人身上激发性兴奋。同时这个假说比人们提出的其他很多假说有更多的事实基础。看来，这一假说部分是夸张，部分是试图掩饰真相的努力。诚然，鞭笞中也并非总是掺杂进了性的因素。绝非如此。如果惩罚很严厉，比如在用"九尾鞭"抽打罪犯的案例中，它们通常不会在接受鞭打者的身上引发性兴奋，尽管在行刑者或旁观者的身上有可能存在虐待狂的因素。色情鞭笞一般都是不怎么严厉的鞭笞，很少例外。通常，它不会、也不能有持久的或长期的身体上的有害影响。事实上，在大多数情况下，只要鞭笞达到了可以导致它被归类为惩罚的程度，它也就不再是色情的了——就接受鞭打的人而言。[1] 在这种情况下，任何这样的兴奋仅仅局限于

---

[1] 一定不要忽视，例外就是那些从施加给自己身体的惩罚——甚至是严厉惩罚——中获得快感的变态分子。在正常个体的身上也存在发展出虐待狂刺激的可能性。

与鞭笞有关的罪恶

施加惩罚的人,以及那些目击惩罚的人。

早先,当鞭笞在众目睽睽之下施行的时候,此事中所掺杂的性的因素远远超过今天,在 19 世纪之前尤其如此。那年头的惯常做法是,不仅要一视同仁地鞭打男性和女性,而且还要公开鞭打他们。因为考虑到鞭笞的色情效果,接受鞭打者的性别和执鞭

◆ 公开鞭打妇女

者的性别都显得很突出。对女性的鞭笞，所依据的不管是宗教戒律，还是教育课程，抑或是刑罚制度，都充满了性兴奋的可能性。不必需要一方是施虐狂，或另一方是受虐狂，才能解释这一现象的存在。

有三类不同的人可以得到跟鞭笞相关的快感：（1）那些以鞭打或惩罚他人为乐的人；（2）那些在接受鞭打的过程中经历快感的人；（3）那些喜欢目睹别人挨鞭子的人。除了纯粹喜爱残忍行为本身的少数实例之外，所有这些实例都跟性密切相关。另外，在很多实例中，通过阅读关于鞭笞的详细描述，并想象自己在扮演某个与这样的事件相关联的角色，也能激发替代性的性快感。

一份最早提到色情鞭笞的材料，可以在佩特罗尼乌斯的那部描写罗马人骄奢淫逸的经典著作《萨蒂利孔》中找到。不过，由于没有提到一桩实际上发生的鞭笞，这份材料被很多作者和历史学家所忽视。据佩特罗尼乌斯说，当恩科尔皮乌斯发现自己患上了阳痿的时候（这让他感到恐惧和羞辱），生殖之神普里阿普斯的女祭司奥诺西亚着手帮他治疗，方法就是用老荨麻抽打他。

事实上，有理由推测：荨麻刺激法——人们这样称呼那种使用荨麻而不是使用鞭子或棍棒的笞打——作为一种性刺激的形式，在罗马人以及其他古代民族当中已经相当流行。毫无疑问，这是由于荨麻的刺激颇为有效，而又不是实际的惩罚。据布洛赫说，约翰·克里斯托弗·韦斯特法尔博士坚信荨麻刺激法是治疗阳痿的有效方法。

说到荨麻刺激法的刺激效力，有一个指标可以从下面这个事

与鞭笞有关的罪恶

实中找到：它一度被应用于治疗疾病。使用这一方法的，可不是什么江湖郎中，而是一些深受尊敬的医学从业者。一个世纪之前，密林根博士写道：

> 从医学的观点看，荨麻刺激法并没有得到足够的重视。在很多实例中，尤其是在瘫痪症的病例中，它比发疱性的或刺激性的摩擦更有效。它的作用，尽管可能不那么持久，但是更全面，能够扩散到四肢。这个过程被发现能够有效地把热量传播到四肢的末端。一个顽固性嗜睡症的病例被科维萨尔治好了，他使用的方法就是对整个身体反复使用荨麻刺激法。在刺激活动期间，患者（一个年轻小伙子）会睁开眼睛并发笑，但过后会再一次陷入昏睡。然而，在三个礼拜之后，他彻底痊愈了。[①]

非斯都（一位早期罗马作家）承认，有些人"愿意为了金钱而接受鞭打"。这些人被称作 Flagratore（鞭笞者）。卢西恩也提到过一个名叫柏尔格利纳斯的哲学家，此人定期当众鞭打自己。

古代文献中还可以找到很多材料，涉及鞭笞与性冲动之间的关系，以及这种方法及其他相关惩罚形式的危险后果。

印度色情文学手册《爱经》（*Kama Sutra*）的作者筏蹉衍那提到了鞭笞对性欲的影响；一份言之凿凿的陈述出现在《犹太法

[①] J.G. 密林根：《医学经验奇谈》（*Curiosities of Medical Experience*）第二版，伦敦，1839 年，第 317 页。

◆ 荷加斯笔下妓女的房间,床头边挂着一把桦树条

典》(*Talmud*)中。后来,阿比·鲍里奥提供了其他的证据。

意味深长的是,在荷加斯那幅描绘卖淫的画中,妓女的床头边挂着一把桦树条。据彼得乌斯说,在从前的德国,一根鞭子被丈夫看作卧室里的一件必不可少之物。

在《长老会的鞭笞》(*The Presbyterian Lash*)一书中(此书是17世纪的一部讽刺作品,描写当时的绅士们鞭打女仆的风尚),有这样一段话:"我敢说,他肯定认为,用鞭子轻触少女的臀部将会刺激她变得淫荡。"

关于学校里的鞭笞,库珀的《鞭笞的历史》中描写了一个引人注目的案例。尽管这位作者并没有直接而明确地把鞭笞跟性联系起来，但几乎用不着怀疑，这一事件有一个纯粹的性的基础。简单说吧，根据库珀的描述，事实就是这样：1815年，有人把陆军中将艾尔·库特爵士告到了伦敦市长的面前，指控他有"不得体的下流行为"。这一指控是基督济贫院的官员提出的。在延期判决之后，这一指控被驳回了。但风言风语不胫而走。最后，有关方面进行了进一步的调查，结果导致艾尔·库特爵士被剥夺了军籍。有人声称，这位"风度翩翩的绅士"拜访了那所学校，出钱给几个孩子，让他们接受自己的鞭打，并且反过来又让他们鞭打自己裸露的臀部。几个孩子作证说，他们每人得到了18个便士和2个先令；护士作证说，她在进入教室的时候，意外地发现"一位先生把自己的裤子脱至膝盖处"。于是，她叫来看门人，把这位"先生"关了起来。

几乎用不着怀疑，从文明开始的时候起，关于鞭笞的性刺激的作用的知识，就在某些圈子里得到相当普遍的传播。尽管很少有文字材料提到出于色情目的的鞭笞，但材料的缺乏并不意味着这种实践不大为人所知，或者很少有人沉湎于此道。更接近真相的可能是：色情鞭笞在各个时代和各个民族部分好色的贵族当中都是一种常见的事情。但是，教会和政府在很大程度上成功地阻止了同时代的文献描写这种做法，要么就是成功地从中删除了相关的描写。

因此，丝毫用不着奇怪，作为这些嘀嘀咕咕的谈论和偷偷摸摸的暗示的结果，鞭笞为自己获得了跟真相完全风马牛不相及的名声。它开始被看作一剂在任何环境下、对所有个体都有效的春

◆ 打着宗教幌子的色情鞭笞

药。人们相信它能够产生十分灵验的效果,这种效果被极大地夸张了,常常到了荒谬可笑的程度;就像今天的各种药物被认为具有最奇特的刺激效力一样。

随着文明的扩张,以及完全靠压制或审查变得越来越困难,在某种程度上甚至是不可能,偷偷摸摸地提及鞭笞这一习惯做法的材料在数量和程度上都有所增长。直至18和19世纪,人们发现,有很多材料提到了这一恶行的存在。从这些材料来判断,除了那些打着宗教幌子的色情鞭笞之外,这种做法似乎主要局限在妓院里。布洛赫对这一课题给予过较多关注,他断言:"从18世纪末叶起,以及整个19世纪,这些妓院(提供特殊鞭笞的妓院)一直是伦敦卖淫的典型特征。"[①] 这些妓院的名单令人叹为观止。贝德福德街上有一家特别臭名昭著的妓院,由科利特夫人经营,光顾这家妓院的甚至有乔治四世这样的名流要人。另有一家鼎鼎大名的妓院在卡莱尔街。摄政街上有一家妓院由埃玛·理查森经营;另有一家在上贝尔格雷弗街,由菲利普夫人拥有;还有一家在吉尔伯特街,经营者是谢泼德夫人。还有很多,全都生意兴隆,财源广进。有些更时尚的妓院为它们的拥有者净赚了大笔的财富。特丽莎·伯克利夫人在夏洛特街经营的那家妓院,多半是最臭名昭著的,肯定是最赚钱的。在19世纪最初的几十年里,这家妓院是伦敦那些富有的好色之徒探芳寻幽的地方。伯克利夫人为自己挣得了"业界女王"的绰号。她还发明了大名鼎鼎的

[①] 伊万·布洛赫:《英格兰的性生活》(*Sex Life in England*),第218页。

"伯克利木马",这是一种鞭笞装置,在她的财富积累的过程中扮演了一个主要角色。伯克利夫人死于 1836 年,留下了一笔对那个时代来说相当可观的财富:10000 英镑。另一家著名妓院在切尔西区的国王大道,由莎拉·波特(别名斯图尔特)经营,1863 年遭到了警察的查抄,女主人被逮捕。① 这桩官司导致很多更加恬不知耻的妓院不得不关门大吉,尽管"鞭笞妓院"无疑继续偷偷摸摸地存在着。

到今天,众所周知,欧洲大陆的很多妓院都千方百计迎合富有的颓废者、堕落者和酒色之徒,装备了各式各样的鞭笞工具。其目的很明确,就是为了刺激或唤起性兴奋。伦敦的很多妓女,她们的房间里都有类似的鞭笞器具。站街女拉客时提到这一事实作为引诱,也并不是什么稀罕事。② 色情鞭笞经常打着某个委婉说法的幌子大行其道。"按摩"常常不过是"掌掴",因为用手拍打的效果,跟用鞭子或桦条的效果大致相当,而且人们经常宁愿选择这种方式。基尔南声称,这种方式在美国很常见,在芝加哥,跟"按摩店"有关的广告中经常会标明"擅长鞭笞",作为附带说明。

当然,要想搞清楚鞭笞这一习惯做法究竟盛行到何种程度,明显是不可能的事情。本质上它是一种偷偷摸摸的勾当,从事这一勾当的人用精巧复杂的保护性伪装把整个事情裹得严严实实。

---

① 关于 18 和 19 世纪在伦敦兴盛一时的"鞭笞妓院",这里提到的很多资料要归功于伊万·布洛赫博士的专著《英格兰的性生活》,巴汝奇出版社,纽约,1934 年。

② 乔治·莱利·斯科特:《卖淫的历史》(*A History of Prostitution*),韦尔纳·劳里出版公司,1936 年。

◆ 妓院里的场景

同样,说哪个国家最广泛地盛行鞭笞也是不可能的。布洛赫的说法似乎并没有多少道理,他说:"英国是当今性鞭笞的典型国家。"

如果真相能够被人们了解的话，那么很有可能，每一个文明的国家都存在这种做法。在很大程度上，它跟卖淫相伴而生。因为总体上，对妓女来说，阳痿者和性变态者如果建议使用这样一种方法来刺激他们日渐衰弱或变态的欲望，那是不能质疑的；同样稀松平常的是，有些妓女很乐意挥舞皮鞭，要么就是（更罕见）让自己接受施虐狂的鞭打，以换取金钱的回报。而且，正如犯罪记录所显示的那样，有些案例发生在职业妓女阶层之外的女孩子当中，但这样的案例绝对没有那么常见。

一般公众通常不大关注他们在媒体上看到的那些提及性鞭笞的材料，并认为它们是人类天性中某种古怪而反常的刺激的表现。尤其是在今天，鞭笞作为宗教赎罪手段已经完全停止了，而且即使作为惩罚形式也已经很少有人采用。

一个男人鞭打一个女人，甚或是一个男人接受一个女人的鞭打，不管是出于何种目的，这样的想法似乎如此反常，如此古怪，如此私密，以至于在公众的想象里马上被认为是一种精神错乱的症状。然而，这一尝试性的解释太过肤浅，不可能是正确的。精神错乱跟此事很少有瓜葛。即便是施虐狂也很少是精神病患者。认为萨德侯爵是疯子只不过是一种假设，而且是建立在最不可靠的证据的基础之上，尽管他被关进了疯人院（参见第18章）。

医学、科学和社会学等领域的作者对此事给予了一定程度的关注。而且在过去，关于性生理学和性心理学的观念必然很粗糙，人们做出种种稀奇古怪的努力，试图解释这一现象。在追踪这样一种由鞭笞导致的兴奋的真正原因之前，扫视一下这些五花八门的假说没准是一件十分有趣的事。

最早的科学家——当时被称作占星家——不假思索地把性鞭笞的原因归于星宿。星宿的影响是解决一切难题的灵丹妙药，被用来揭示那年头无法解释的或超出他们理解能力的任何事情。然而，皮库斯不接受这种解释。他批评这一假说，理由是（完全合情合理）：如果星宿是色情鞭笞的原因，我们将发现，所有人都应该服从于这种鞭笞的刺激影响。他的假设（亚里斯多德、科利乌斯和盖伦也提出过这样的假说）是：这种做法只不过是一种习惯而已，一种在青少年时期发展出来的恶习，其方式颇类似于青少年时代的手淫恶习。要是有人想要寻求或得到任何解释的话，这个解释似乎足够了。直到16世纪，约翰·亨利·梅博米乌斯（此人是一位医生，我们前面已经引用过他的著作）提出了另外一个假说。这一假说尽管并没能充分解释这种现象，但它比此前人们提出的任何假说都更加符合真相，而且毫无疑问更接近于人们根据现代科学的性学研究所提出的解释。

要理解梅博米乌斯所提出的假说，有必要略微打量一番那个时代性生理学的状况。

医学的技艺还处在非常原始的发展阶段，对于腺体分泌物人们所知甚少，甚或是一无所知；对生理过程也只有朦胧含糊的理解；心理学的影响根本就闻所未闻。精子的存在及其在怀孕生理过程中的功能尚未被发现；精液的各种成分的来源尚不明确。

外部性器官纯粹被看作跟性行为本身相关联的器官，而跟生儿育女的过程并没有什么直接干系。人们认为，精子对导致孩子出生的性行为负有责任，并且跟性行为带来的快感大有干系。它的来源应该在腰部，人们提到肾或肋也是一样的意思。无独有偶，所有这些术语都被当作同义词，指称生殖器官本身、性激情、性欲以及一般意义上的色欲。因此，在《圣经》中，我们读到这样一段话：

你的嘴若说正直话，我的心肠也必快乐。(《旧约·箴言》第 23 章第 16 节)

还有这样一段话：

我又要杀死他的儿女，叫众教会知道，我是那察看人肺腑心肠的。并要照你们的行为报应你们各人。(《新约·启示录》第 2 章第 23 节)

圣奥古斯丁断言，肾（reins）这个词①，意思指的是性交的快感。佩特罗尼乌斯、特士良、卡图卢斯、马提雅尔、奥维德、赫希西乌斯、朱尼厄斯、阿普列乌斯、尼古拉斯·莱拉、苏维托尼乌斯及其他人，全都解释了类似的内涵。

因此，这一观点，即肾脏及邻近部位是生殖力及性能力的发

---

① 译者注：前面所引两段经文中的"心肠"，英译原文都是 reins（肾脏）。

与鞭笞有关的罪恶 17

◆ 鞭笞与性刺激之间的关系很早就被人们所认识

源地,与下面这个观点是一致的:任何能增加这些部位的温度的东西,同样能增加性欲;类似地,任何能降低这些部位的温度的东西,也能相应地降低性欲。这些观念,诱使人们精心设计五花八门、稀奇古怪的办法,来治疗纵欲过度。梅博米乌斯列举了几个此类治疗的例子。普林尼的方法值得特别提及一下。他主张,要想降低性欲,可以在腰部佩戴铅版。为了支持他的治疗办法,他引用了一个名叫卡尔瓦斯的演说家的病例。此人天性好色,以至于仅仅看见一个女性便足以刺激他射精。结果,佩戴几块铅版就治好了他这种令人烦恼的毛病。同时代的其他很多医学权威都持有类似的观点,采用普林尼方法的变种,降低肾脏、肝脏及其相邻部位的温度,以此作为治疗性欲过度亢奋的办法。盖伦曾使用类似的金属版治疗运动员的滑精,并作为降低性欲的一种手段。无论什么情况下,只要节欲都是可取的。他还在阴茎持续勃起的病例中开出了冷水绷带的处方。埃提乌斯和奥利巴苏斯指出，仰卧往往会导致肾脏过热[1]；科利乌斯主张使用在冷水中浸泡过的海绵，作为给性欲消火的特效药。这些都是真正冒险的措施，你完全可以相信它们的临时效果——我几乎无法想象，任何一个男人，不管他多么容易受女性魅力的影响，当他佩戴两块笨重的金属版，把自己的身体紧紧夹住的时候，甚或是被一块冷水浸泡过的海绵所妨碍的时候，他还能一直保持做爱的状态。

反过来，温暖则会帮助和促进性欲，数百年来人们普遍相信这一论点，并在这个基础上推荐了很多可以在古代色情文学中找到的壮阳药。对于这个问题，梅博米乌斯总结道：

> 从所有这一切当中，我得出了这样一个结论：一般意义上的腰，以及组成腰部的各个部件，其主要作用是促进性欲，尤其是腰部的静脉和动脉。但所有这一切当中，最重要的器官是肾脏，精子首先是通过肾脏开始形成，并且在它的下部通过其他的精子容器得以完善，并获得稳定的黏稠度。[2]

接下来，这位16世纪的医生和科学家详细阐述了他的假说，以说明鞭笞（不管是用鞭子还是用其他工具）何以能成功地刺激

---

[1] 人们相信，仰卧助长了性欲，而且是充斥于古代文学中各种痛苦烦恼的原因。亚里斯多德认为它是性病的原因，并推断，动物不会有这样的苦恼，因为它们从不仰卧。

[2] 约翰·亨利·梅博米乌斯：《论鞭笞在医学中以及在性欲中的使用》(*A Treatise on the Use of Flogging in Medicine and in Venery*)。

与鞭笞有关的罪恶

性欲。鞭笞使得腰及周边部位变暖、变热,并促进精液的流动。而且更有甚者,与这样的惩罚密不可分的疼痛会刺激生殖器官,以至于超出它们的正常承受能力。

正是在这里,在他凭空想象的、伪科学的解释和论证中,梅博米乌斯偶然说出了部分真理。他通过错误的手段得到了正确的结果:这种现象一直很常见,在今天也很常见。

我们已经看到,能够唤起情感的所有因素当中,疼痛——只要它的强烈程度始终没有达到可以归类为酷刑的程度——是最有力的因素;疼痛,通过增加肾上腺的分泌力,使疲倦或衰弱的肌肉和神经回复活力,刺激个体实现超出其正常能力的临时性的成就。① 如今,一个已经确立的事实是:臀肌区域——臀部和脊椎末端——有一些神经,跟控制性功能的神经相联络,并有着密切的关系。我们已经看到,古代的医生们知道臀部及其周边部位的疼痛对性冲动的影响,以及把发热的膏药或腐蚀性的膏药应用于腰部也有类似的效果。简言之,任何具有性刺激属性的东西,都是要促进生殖通道——尤其是阴茎——的充血。由于这些原因或化学壮阳药的效果所导致的充血,都能够导致勃起。正是因为这一点,鞭笞在治疗任何形式的阳痿上——只要不是永久性的和先天性的——都必然有一定的效果。即便是摩擦生殖区域的皮肤,也会刺激性兴奋。因此,按摩——尤其是紧接着热水浴之后的按摩——的流行也就不难理解了。归根到底,手淫也只不过是摩擦

---

① 参见第 2 章。

或刺激生殖器。

因此，始终存在一个危险，即鞭笞，无论其基本目的是什么，只要它的严厉性还没到可以被归类为酷刑或重罚的程度，都会引发性兴奋。在儿童和青少年的身上，针对臀部或肛门区域的任何形式的抽打，都有激发性欲活动的风险。关于这一点，维基说：

> 鞭打赤裸的背部或臀部，容易刺激性器官的过早活动，或者，更准确地说，是通过脊髓刺激勃起中心的神经……这样一种施加于背部和臀部的抽打，构成了江湖郎中的一剂残忍的壮阳药。①

以惊人相似的方式，通过想念情人、通过看到一位漂亮姑娘、通过拜物教徒的春药、通过观看色情图画或阅读色情文学所引发的心理上的性兴奋，也能唤起相应的性器官的兴奋。而且，非本质的性兴奋，比如手淫、接吻、与女人接触等，同样可以唤起心理上的性感受。一般说来，只需要因素性的条件存在，就能唤起或激发其他类似的、相应的或有关的条件。

我们在本章中所提到的与鞭笞有关的罪恶更加严重，因为人们经常忽略或无视它们的存在。此外，无论何时何地，只要体罚被用作一种惩罚措施，诸如此类的罪恶就很有可能发生。

---

① 维克多·G.维基：《阳痿》（*Sexual Impotence*）第五版，费城，1915年。

与鞭笞有关的罪恶 17

◆ 鞭笞孩子存在着巨大的风险

影响深远而又意义重大的是,体罚唤起、激发或发展色情感觉的可能性,在儿童和青少年的身上尤为显著。一次轻率地下令施行的鞭笞,原本抱着这样一个错误的想法:它能够威吓孩子走正路,不料却成功地把一个正常的个体转变成了一个性堕落者或性变态者。这种情况是如此千真万确,风险是如此之大,以至于我可以有把握地说,从性的观点看,鞭打一个孩子,无论是在学校、家里,还是在监狱里,都不可避免地、始终不变地是一个潜在的危险。

用野蛮残忍的"九尾鞭"鞭打成年人,则是另一回事。正如我已经指出的那样,就所有身体构造正常的人来说,这样的鞭笞都太过严厉,不会涉及在受鞭打者身上激发性兴奋的风险。但是,并非所有个体都是正常的,有相当数量的性病态实例。在那些走向犯罪（偶然或故意）的社会成员当中，不正常者的比例非常大。正是在这些人当中，可以找到施虐狂和受虐狂。在任何环境下，这两种人都不应该受到鞭打，即使撇开那些实际上已经被打上施虐狂或受虐狂烙印的人不谈，也还存在一些潜在的施虐狂和受虐狂，通过鞭笞，他们全都会被转变成这些变态行为的积极实践者。这一危险始终存在。

就鞭笞变态儿童而言，有类似的风险存在。还有一些实例——正如我们后面将要看到的那样——在有的青少年身上，存在某种潜在形式的受虐狂或施虐狂，只等合适的环境出现，便会把这种含苞待放的趋势转变成积极的恶行。在任何这样的实例中，鞭笞都会起到这样一种激起和发展的作用。卢梭的例子值得注意，而且富有教益。（参见第18章）

最后，还要考虑到鞭笞对挥鞭者的影响。这里，我们不得不面对施虐狂发展的危险，即便是在实际上并不存在这一倾向的情况下，这个危险也是不可避免的，而且相当严重；与此同时，在所有活跃的虐待狂实例中，存在对残忍的"渴望"，这种欲望表现在施虐者残忍而狡猾地扩大既定惩罚的行为中。

所有这些问题，我们将在下一章中详细地予以考量。

第18章
体罚的病态

有很多跟施虐狂有关的误解。这个术语本身在近些年里使用得如此宽泛,以至于在任何地方,只要人们对此事略有所知(不管多么肤浅),公众的想象力都有可能赋予它某种不着边际的东西,跟它真正的意义完全风马牛不相及。新闻记者,甚至还有科学领域的作者,则更是如此。他们常常把施虐狂①这个术语当作毫不掩饰的残忍的同义词来使用。这样一种用法,这种日益盛行的用法,很可能会导致更多的误解。施虐狂所涉及的远不止纯粹的残忍。与此同时,它绝不涉及纯粹的为残忍而残忍。尽管施虐狂无论在行为上还是在思想上始终都是残忍的(不管有意还是无意),但残忍本身并不意味着施虐狂。因此,世界上有成千上万残忍之徒并不是施虐狂;正如有些个体憎恶残忍一样——除了某些特定的、给他们带来快感的施虐狂行为之外。事实上,跟任何有意识残忍的想法都毫无关系的施加痛苦,才是施虐狂的目的;同时,恰恰是这一点,把他跟普通的社会成员——他们的残忍当

---

① 译者注:施虐狂(sadism)一词源自于萨德侯爵的名字(Sade)。

中并没有性的含义——区别开来。

施虐狂包括通过给他人或动物施加疼痛、苦难或羞辱而导致的性的愉悦或感受。它包括通过观看第三方给他人或动物施加痛苦而导致的性的愉悦。另外，还包括通过阅读或想象苦难、疼痛或羞辱而导致的性的愉悦——这是一种反常的形式，可以被描述为替代性的或象征性的施虐狂。

正如我们已经看到的那样，它以最原始、最基本的形式，存

◆ 施虐狂与受虐狂之间的性爱游戏

体罚的病态

在于如此经常地与性行为相联系的"做爱时的啮咬"中。这里，我们看到了前面已经提到的、在残忍与疼痛之间确实存在的不一致。在做爱时的啮咬中，不存在任何残忍的想法，它跟残忍之间不存在任何有意识的联系。而且，不管哪一方被咬，只要是处于极度的性兴奋当中，他（她）都感受不到疼痛。在其他任何情况下都能感受到的疼痛，在这里都被淹没在性快感中，而且实际上成了增强性快感的一种手段。

认识到这些事实，会帮助我们解释施虐狂的行为当中那些看似不合理的、反常的东西，因为施虐狂的行为，只不过是这种原始而基本的啮咬的延伸或发展。施虐狂，不管其变态是显示在积极的鞭笞中，还是表现为任何其他的形式，都能够从他正在给予、目睹或想象的疼痛中获得性兴奋。他的受害者的感觉和反应完全取决于个人的性癖好。就大部分而言，这些受害者并没有赋予这一行为以性的含义，因此，他们只感受到疼痛和羞辱；就像过去经常受到鞭打的监狱里的囚犯和学校里的顽皮学童一样。只有受虐狂才会从这种在其他所有情况下都只能带来痛苦的刺激中感受到性快感。

毫无疑问，在某些实例中，虐待狂在很大程度上跟权力欲混杂在一起，对此，我们前面已略有提及（参见第1章）。虽说一者并不必然意味着另一者，但它们常常是同时共存的。要想通俗易懂地表达一个人对另一个人的权力，世界上没有比残忍行为更合适的东西。性行为与残忍行为之间的相似性，乍一看可能并不明显，但这种相似性依然存在。在某些个体的身上，性交就无与伦比地代表了男人对女人的征服。这个说法的真实性十分明显，你只要想想下面这个事实就行：一个男人如果成功地让婚姻之外的某个女人缴械投降的话，他就会瞧不起她。他是从征服的观点来看待她。他把她看作是一个比自己低一等的存在。即使在婚姻中，也经常有同样的感觉：要让另一个个体服从主人的意志。

毋庸置疑，在某些情况下，残忍的行为完全可以取代性交。一个男人如果试图在性上征服女人的计划受到阻挠，他可能会出于强烈的权力欲，用暴力强迫她就范。或者，他也可能迫使她遭受某种残忍的或羞辱性的行为，同时也可能伴随着强奸。受害者的无助和臣服起到了激怒他的自我的作用。

每当权力欲同时以性欲和残忍的形式发挥作用的时候，也就有了真正的虐待狂。由于这两者如此密切相关，并提供了如此强烈的相似性，因此不难看出，它们是如何互相培育。性兴奋的唤起会诱发残忍，很多女人——甚至在蜜月结束之前——就吃够了这样的苦头。而残忍行为的实施会诱发性欲，正如很多受害者所发现的那样，这常常让她们沮丧而惊愕。

可以有把握做出这样的假设：在很大比例的男人身上，以及在数量少得多的女人身上，以这样那样的形式，存在着性欲和残忍这对孪生的情绪状态。这些实例，可以被看作是代表了虐待狂的初期形态。只需一次颠覆正常的过程（不管是临时性的还是永久性的），一次心理上的狂风暴雨，就会导致精神错乱——这样的事情经常发生，正常的个体就会被转变成性的恶魔，把社会强加的所有抑制全都抛到九霄云外，成为一个性变态者，时不时地

体罚的病态

为每天的报纸提供轰动性的新闻。

有人认为,施虐狂是一种比较晚近的现象,这一观念是错误的。而比文明还要古老。只不过在很早的时候人们并不把它称作施虐狂,而被归类为普通的残忍。很有可能,人们没有公开赋予它性的含义,或者没有人承认这样的含义。尼禄是个施虐狂。台比留也是。卡利古拉、图密善、黑利阿加巴卢斯,以及其他上百个历史名人,莫不如此。

◆ 尼禄是个施虐狂(图为尼禄在观看行刑的场面)

正是克拉夫特-埃宾把那些从施加(或目击)惩罚和痛苦中获得性快感的变态行为命名为"施虐狂"。是下面这个事实导致他使用了这一术语:臭名昭著的萨德侯爵是第一个对这一特殊现象进行彻底而广泛研究的人。事实上,这位萨德侯爵的影响是如此之大,并且如此清楚地揭示了这一特殊的性变态,因此在接下来做进一步的考察之前,我们最好是先简短地打量一番这个人以及他的作品。

唐纳蒂安·阿尔丰斯·弗朗索瓦·德·萨德侯爵出生于 1740 年,他出身名门,有很高的文化修养,是法国历史上那个特殊时期的产物。当时正值大革命的前夕,性自由、骄奢淫逸和放荡堕落所达到的强烈而普遍的程度,足以媲美佩特罗尼乌斯所描写的古罗马最糟糕的时期。对于被归到萨德名下的所有罪行,要想形成一个大致的判断,记住所有这些是必不可少的。在那个时期,整个欧洲的文明社会都以实施和目睹残忍的行为为乐。斗牛是英国贵族最喜爱的运动。巴黎沉湎于各种形式的性变态。

正是在这样的背景下,"凯勒事件"上演了,萨德正是因为这一事件中的施虐狂行为而第一次锒铛入狱。这一事件,连同后来的一桩罪行和他那些臭名昭著的作品,给他打上了有史以来最凶残的性变态的烙印。事情发生在 1768 年 4 月 3 日的巴黎。萨德遇到了一个身份卑微、家境贫寒、年轻漂亮的寡妇罗莎·凯勒跟他搭讪,请求他的帮助。萨德把她带回自己的小屋里过夜。根据这个姑娘后来的陈述,萨德强迫她脱光了所有的衣服,严厉而下流地鞭打她,之后处理了一下她身上的鞭痕,把她锁在小屋里,扬长而去。第二天,萨德回来了,用一把刀子在她身上留下了几处小的伤口,涂了更多他前一天使用过的治疗软膏,再次把她锁在了屋内。然而,罗莎设法从窗户里逃了出去,找到警察,讲述了自己的故事,她身上的伤痕证明了她所言属实。此事的结果是:萨德被监禁了很短一段时期,并支付给罗莎·凯勒一笔赔偿款。

体罚的病态 18

◆ 狱中的萨德侯爵

4年之后,在一桩轰动一时的罪案中,萨德再一次成为主角。在马赛的时候,他拜访了一家妓院,做东宴请妓院里的姑娘们。正当欢宴处在高潮的时候,他拿出了一盒巧克力。后来发现,那是一种春药,当时十分流行,行话称作干斑蝥粉。很显然,在场的大多数人由于吃了这种甜食而出现了轻微的中毒。尽管似乎没有证据支持巴乔蒙特的陈述——据巴乔蒙特说,有两个妓女死了。不管怎么说吧,为了免遭逮捕,萨德不得不离开这个国家。当他几年之后回到法国的时候,根据这样那样、或真或假的指控,他再一次被逮了起来,锒铛入狱。这一回,他在监狱里待了14年,从1777年至1790年。正是在这段漫长的监禁期间,萨德写出了他那些最臭名昭著的色情小说,制造了极大的轰动,并足以让人们把萨德这个名字跟最卑鄙无耻的性变态形式联系在一起。

萨德最著名、最为人们所熟悉的作品,无疑是《贾斯汀》(*Justine*)。故事讲的是一个女孩子,她的雄心壮志就是要过一种贞洁而善良的生活,但她所遇到的一切都是卑劣、可耻、邪恶和反常的。在这个讲

◆ 小说《贾斯汀》的卷首插图

体罚的病态 18

述贾斯汀的奇遇的故事中,萨德设法列举并描写了几乎所有能想象到的性犯罪。写于几年之后的《朱丽叶》(*Juliette*)是《贾斯汀》的姊妹篇,记述的是贾斯汀的妹妹的生活。朱丽叶姑娘跟贾斯汀截然相反:她是个邪恶、自私、不择手段地以色相骗取钱财的女人,沉湎于各种形式的性堕落,最后如愿以偿,兴旺发达。

实际上,萨德作为一个小说家并不杰出。《贾斯汀》和《朱丽叶》都充满了缺点。它们都异乎寻常地、几乎是不能忍受地冗长。它们的作者磕磕绊绊、跟跟跄跄地陷入了一个长篇小说家所能找到的几乎每一片沼泽;故事本身支离破碎。要不是被归类为色情作品的话,我很怀疑它们是否能比萨德本人活得更长。他的一本短篇小说集《爱之罪》(*Les Crimes de L'Amour*),从写作艺术的观点看甚至比他的长篇小说还要糟糕。

但这些书都大获成功。它们被多次再版。它们在巴黎的书店里销售,当这些书出版的时候,人们并不认为它们淫秽;考虑到当时的道德风气,这没什么可大惊小怪的。就这一点来看,下面这个事实就有点奇怪了:萨德一生当中有 27 年的时间被限制在监狱里和精神病院里。把他的监禁完全归因于他的性冒险和色情写作的流行观念是错误的。事实上,这只是公之于世的表面理由,而不是真正的理由。

除了性方面的著作之外,萨德侯爵还是《圣经》和基督教的一个大胆而尖锐的批评者。[①] 他使教会成为自己的死对头,这反

---

① 他的《一位牧师和一位垂死者之间的对话》(*Dialogue Between a Priest and a Dying Man*)是一部宗教批评的杰作,从文学的观点看,远胜过他的小说。

过来使他被教会的恶意和怨恨所困扰。此外，他还出版了一部政治性的讽刺作品，引起了拿破仑的愤怒和仇视；当时，拿破仑正处于名声和权力的顶峰。这是致命的一步。正是在拿破仑的唆使下，针对萨德的诉讼在1801年开始了，他再一次锒铛入狱。他的书被付之一炬，最后他被鉴定为疯子（这完全是不公正的），并被囚禁在一所监狱精神病院里度过余生。把死对头关进精神病院，正是这位科西嘉暴君最喜欢的一个花招。傅尼耶神父、德·拉格、德萨格等人都是这样的受害者。

萨德侯爵无疑沉湎于那种如今以他的名字来命名的恶习；他从施加痛苦中得到性快感。似乎用不着怀疑，他还有同性恋的习好。但没有证据表明，他是传说所断言的那种性的恶魔；也没有证据表明，他在淫荡堕落方面接近于罗马皇帝们，或吉尔·德·莱斯，或其他很多给历史的书页增光添彩的施虐狂。他所获得的名声，更多地要归功于他的著作，而不是任何毫不遮掩的性行为。有理由认为，在他后来的岁月里，萨德侯爵主要是通过想象施虐狂行为来获得性满足——替代性施虐狂多半是一种远比实际的施虐狂蔓延得更加广泛的性变态形式。

然而，施虐狂的行为足够常见。在某些环境下，看见血就能唤起强烈的性欲，正如在很多色情谋杀的案例中那样。臭名昭著的开膛手杰克就是这样一个实例。杰克是一位匿名凶手，犯下了一系列施虐狂谋杀，让整个伦敦城大约恐怖了50年。受害者全都是女人，她们的身体以最可怕的方式被撕开，被肢解。偶尔，这种变态的欲望采取了一些古怪的形式，比如侵犯动物或鸟类，

体罚的病态

有时是人的尸体。偏执狂嗜尸成癖者伯特兰警官的案子，便是一个臭名昭著的、被充分证实的例证。根据他在法庭上的陈述，伯特兰最初是通过获得各种动物的尸体来开始他可怕的活动的。他在肢解这些动物尸体的同时伴随着最强烈的快感。最后，动物再也不能满足他了，他开始在月黑风高之夜探访墓地，挖出新近掩埋的尸体，并肢解它们。在他的活动被发现之前，伯特兰总共挖出过 15 具尸体。他的步骤是：借助能够弄到的任何工具（常常是赤手空拳）挖出尸体，再用刀或剑解剖尸体，取出内脏。他把自己在从事这项令人恶心的工作时的状态描述为一种非同寻常的极度兴奋。

颇有讽刺意味的是，纳瓦拉国王查理，有时候被称作（有很正当的理由）"恶人查理"，为成千上万的观众提供了施虐狂的快乐——他在 1387 年因为施虐狂罪及其他最令人憎恶的罪行而被烧死。"残酷的伊凡"的儿子迪米特里理应得到相同的厄运——他总是让人缓慢地杀死动物和鸟类，尽情地欣赏眼前的一幕，幸灾乐祸地看着他的受害者垂死挣扎。

吉尔·德·莱斯元帅 1440 年因为致残和杀害了大约 800 名儿童而被处死。更近的时期，克拉夫特－埃宾记录了开膛手瓦彻的案例。1897 年，瓦彻因为谋杀了一个名叫普塔利尔的 17 岁牧羊男孩，并因为他自己供认的几件施虐狂罪而受到审判。据克拉夫特－埃宾说，这份罪行清单可怕而冗长。1894 年 3 月，一直过着流浪汉生活的瓦彻掐死了一个名叫德洛姆的女孩，从而开了一个头。同年 11 月，他犯下了另外一桩类似的罪行，1895 年 5 月，

体罚与人性
History of Corporal Punishment

◆ 吉尔·德·莱斯元帅

他又犯下一桩。同年8月，他实施了两桩谋杀，受害者分别是一个16岁的姑娘和一个58岁的妇女。接下来的一个月，他把注意力转到了男性身上，杀死了一个名叫帕勒特的15岁男孩。在他被捕之前，又有5个受害者增加到了这份可怕的清单中。直到他的被捕，才结束了这一连串血腥而可恶的暴行。

有时候，施虐狂冲动采取了一些稀奇古怪的形式，乍一看似乎跟对施加痛苦的强烈欲望毫不相干。它可能显示在某些纯粹破坏性的形式中。红颜色在性冲动和性兴奋中所具有的重要的刺激性影响，部分解释了所有目击鞭笞和积极的自我鞭笞的显著影响。据追踪过纵火狂发作原因的斯泰克尔说（布洛赫也强调了这一观点），在某些病例中，这种通过看到鲜血淋漓的肉体而激发出来的刺激欲望的效果，就是要搜寻一种正常性满足的施虐狂式的替代物。斯泰克尔给出了纵火狂显示在施虐狂行为中的一些实例，是米斯里格勒从萨德的

体罚的病态 18

著作中摘录出来的。有一个事件值得注意：罗马的一些医院被人故意纵火。"当时，37家医院被烧为平地，两万居住在医院里的人死亡，而奥林匹亚和朱丽叶却在目睹这场大火的时候达到了巨大的性高潮。"①

那种在目睹苦难和疼痛中彰显出来的施虐狂，始终有很多放纵的机会。而且，由于这个原因，通过图画或文字描述的媒介所引发的心理图景，多半是最受欢迎、传播最广泛的施虐狂形式。施虐狂的场景浮现在头脑中，它可能具有所有表面上的幻觉真实。然而，在这样的个体的身上，必然存在着某种潜在的倾向，使他在看到或联想到疼痛、苦难、羞辱和残忍的时候容易唤起性兴奋。

历史上充满了这样的实例：国王和皇帝们很喜欢看某些臣民被杀死或被折磨的壮观场面。正如我们已经看到的那样，宗教编年史提供了数不清的实例——祭献，惩罚，赎罪，等等，剥去了伪善的装饰，在很多情况下，纯粹是施虐狂行为打着别的幌子大行其是。尼禄、台比留、黑利阿加巴卢斯、卡拉卡拉、马克森提乌斯以及其他罗马人都曾兴高采烈地观看屠戮女孩和男孩；宗教裁判所的裁判官们面对受害人那令人恐怖的垂死挣扎而谈笑风生；西班牙贵族尽情观赏斗鸡、斗牛和斗狗的垂死挣扎。

在迫害公开施行的年代，施虐狂们纵情于公开展示的壮观场面。在那个死刑犯被烧死在火刑柱上或者被驷马分尸的年代，公

---

① 威廉·斯泰克尔：《行为的怪癖》（*Peculiarities of Behaviour*），威廉斯与诺加特出版社，1935年，第140页。

◆ 中世纪公开行刑的场面

体罚的病态

众成群结队地去目睹不幸的受害人饱受折磨。当绞索、斧头或断头台取代了更古老、更野蛮的办法的时候,公众目睹行刑时的兴奋感略有减少。就连那些不是任何真正意义上施虐狂的人,对残忍的行为也明显有一种几乎令人难以置信的喜好。在过去,作家们自由地评论这些野蛮残忍的展示,他们的记述读起来令人伤心。当试图刺杀法国国王路易十五的达米安在1757年1月被处死的时候,根据当时在场的卡萨诺瓦的记述,每一个可以看到刑场的地方都挤满了幸灾乐祸、嘀嘀咕咕、热情洋溢的男男女女。他们纵情欣赏这个在劫难逃的人受到可怕的折磨,以及死去之前的漫长痛苦。龚古尔讲到一个英国人租用了一间可以俯瞰断头台的房间,绞刑处决就在那个断头台上执行——他深知此事的刺激性效果,因此打算带上一位年轻女士一同观看。推测起来,这位女士应该不是一个很容易征服的对象。

在英国允许公开处决的那些年里,这些令人不齿的、施虐狂般的表演也明显被大多数观众看作一种娱乐活动,跟现代的拳击比赛或足球比赛不相上下。来自四面八方的公众,成群结队地聚集到行刑地点,富人花高价钱购买好位置,以确保对行刑的场面看得特别真切。事实上,很多有钱的施虐狂已经习惯于尽可能地观看每一次行刑。霍勒斯·沃尔浦尔的好朋友乔治·塞尔温就是这样一个人,据说,他平生最大的乐趣就是观看一个人被处死。另一个以目睹罪犯临死剧痛为乐的著名人物,是塞缪尔·约翰逊的传记作者博斯韦尔。他很少错过新门监狱的行刑场面。

◆ 围观行刑的场面

值得注意的一点（同时代的历史学家们反复谈到过这一点）是：那年头，在所有常态环境下，社会差别定义得最明确，划分得最清晰，而面对这些酷刑和残忍的壮观场面，这样的差别被人们忘得一干二净。贵族和农民济济一堂，平起平坐；他们以良好的幽默感互相说笑和打趣。跟其他任何东西比起来，这大概能够更加显示出：这些残忍、可恶而野蛮的场面对人们的情感有多么大的影响。

女人像男人一样兴奋。有人经常提出这样的假说：所有形式的施虐狂仅仅只是男性的性变态。这个假说是错误的。性心理学的研究反驳了这一假说。历史提供了大量的证据，证明女人身上存在施虐狂的特征。梅萨莉娜很喜欢看到别人受苦，不管遭罪的

体罚的病态

是男是女,也很喜欢用她自己那双能干的手挥舞皮鞭。凯瑟琳·德·美第奇承认,每当看到宫女们在她的面前被脱得一丝不挂、接受鞭打时,她就体验到最强烈的满足和激情。她身上的施虐狂特征,跟很多在她之前兴旺鼎盛了数百年的罗马皇帝一样明显。令人恐怖的圣巴托罗缪之夜大屠杀,她要负主要责任。在那个可怕的夜晚,她所体验到的极度兴奋,被她描述为就像洗"玫瑰浴"一样。

◆ 凯瑟琳·德·美第奇

伍尔芬所记录的伊迪丝·卡迪沃克的案例相当有趣。① 这个名叫卡迪沃克的女人在维也纳经营着一所贵族语言学校,她的弟子都是从最富有的阶层当中选拔出来的。她还摆出一副慈善教育家的派头,她的广告声称,她打算给一些更穷的孩子授课,甚至打算收养几个弟子。这种貌似慷慨的行为,其缘由在1924年那场轰动一时的审判中得以显露。那场审判是紧跟着几桩投诉之后发生的。看来,这所"语言学校"是一家鞭笞院。"学生们"都是

---

① 埃里希·伍尔芬:《作为性罪犯的女人》(*Woman as a Sexual Criminal*),纽约,1934年。

些性变态者和放荡堕落者。那些身居高位、把持要职的男男女女都是卡迪沃克公寓的定期访客。她"收养"的孩子们为了满足学生和访客们的施虐狂欲望而接受鞭打。据卡迪沃克自己供述,当她惩罚孩子们的时候,她所体验到的快感达到了非常强烈的程度。她被判处6年监禁,这一判决后来被缩短为4年。

在鞭笞依然是大多数欧洲国家教育制度的组成部分的年代,教师们从鞭打孩子中所获得的施虐狂快感绝不少见。尤德尔在伊顿公学当过10年校长,因为总是以最微不足道而且常常是凭空捏造的借口鞭笞学生而声名狼藉。他后来供认,他总是以这种方式获得快感,而且有过明显的性行为。

在很多情况下,学校里鞭笞孩子的所谓惩戒价值,纯粹是一种借口,为的是让施虐狂们获得性刺激。这种情况一度在英国千真万确,以至于在大陆国家,有一些学校的简介和广告中都声称使用"英国方法"。这在某些圈子里就是一个暗示,意思是,这所"学校"实际上是一家可以实施性变态行为的妓院。

有一种特殊形式的施虐狂被称作"扎刺"。施行者通过"扎"、"刺"或"割"女人和孩子的不同身体部位而获得快感。伤害通常很轻微,可以被用于巴士上、电车上、剧院里,以及所有人群密集的地方。费里给出了一个实例:一个这种类型的施虐狂因为割女人的耳朵而在巴黎被捕。[①]

在某些情况下,由于害怕后果,施虐狂舍弃了人,而把自己

---

① 查尔斯·费里:《性本能:它的演化与消解》(*The Sexual Instinct: Its Evolution and Dissolution*),伦敦,1900年,第150页。

体罚的病态 18

的精力转到动物和鸟类身上。这样的实例并不少见。时不时地有被致残和被宰杀的牛、马、羊、狗在某些地区出现。与此同时，还有大量孤立的实例从未登上报纸。

很有可能，尤其是在今天，正如我们前面已经提及的那样，最广泛的施虐狂形式，是在图书、电影和戏剧所提供的对施虐狂场景的文学描写和生动再现中得到性快感。这种类型的施虐狂还涉及梦见类似的场景，以及想象鞭笞及其他行为的生动画面。这些画面达到了极其逼真的程度，以至于几乎相当于幻觉。费里把这种形式的施虐狂命名为"想象施虐狂"，并说："除了在神经病患者身上之外，它几乎很难观察到。"① 克拉夫特－埃宾把这样的病例归类为"空想施虐狂"，并举出了一个 22 岁小伙子的实例。此人从编造鞭笞狂欢的故事、描绘类似场景的图画等行为中获得快感。

就大部分而言，象征形式的施虐狂始于想象，终于想象。伤害带有累积性，这种伤害在于它给沉湎于这种特殊形式的性变态的个体所带来的心理影响。毫无疑问，在一些零散的病例中，象征形式的施虐狂构成了通向活跃施虐狂的第一步。吉尔·德·莱斯把自己明显的施虐狂行为归因于他年轻时阅读苏维托尼乌斯的作品。在这些作品中，苏维托尼乌斯记述了台比留、卡拉卡拉等人沉湎其中的酷刑和杀人狂欢。这话多半有一定的真实性。想象可以填充很多的空白，这一事实，古往今来的骗子、江湖郎中、

---

① 查尔斯·费里：《性本能：它的演化与消解》(*The Sexual Instinct: Its Evolution and Dissolution*)，第 149 页。

◆ 施虐狂般的酷刑折磨

体罚的病态

政客等等一直在灵活运用。

对施虐狂的憎恶——任何一个人道主义者不能不感到憎恶——完全就像对任何形式的残忍行为的憎恶一样。前者所受到的指责就像后者一样多。施虐狂与其他形式的残忍行为之间，唯一的不同就在于是否混合了性快感或性满足。各种形式的打猎，射杀鸽子，斗鸡——这些也可能与施虐狂有关——都令人憎恶，应该予以强烈的反对和谴责。

受虐狂就是渴望在异性——极少情况下涉及同性——的手里得到惩罚、征服或羞辱。

受虐狂远比施虐狂要广泛得多。它的更加盛行有很多原因。首先，比起活跃的施虐狂来，活跃的受虐狂更容易把自己的性变态付诸实践。找到一个乐意施加惩罚或羞辱的人，不存在任何大的困难。而要想找到一个甘愿接受惩罚的人则常常面临很大的困难，即使你愿意掏钱请他们扮演这一角色。而且，施虐狂可能会走得更远，甚至要致残或杀死他的受害人。而在受虐狂的实例中，这样的事情很少发生（即便真的发生过的话），自我保护的本能起到了有效预防的作用。

受虐狂的现象本身并不新鲜。像施虐狂一样，它也像文明一样古老。只不过受虐狂（masochism）这个术语是相当晚近时期的产物，它源自萨克-马索克的名字（Masoch）。马索克是位作家，他对这种性变态的描写，是现存的所有文学做品中最清晰、最诗意、最色情的。

从席利希特格洛尔为这位小说家撰写的传记来看，从他自己的著作来看,以及从他的第一任妻子的自传来看,似乎用不着怀疑,在他早年及最敏感的年龄,他所经历的环境条件跟他的性变态的发展有莫大的关系;这种性变态是如此强有力地影响了他此后的一生。在马索克的青春期,残忍、冷酷,甚至流血,是每天都在发生的事情。这个少年对无情而血腥的迫害(这些是波兰革命进

◆ 马索克的雕像

程的标志)有一种特殊的癖好。看来,他的性变态在很大程度上是想象型的。在幻想的世界里,他很喜欢描绘自己受到一个专横跋扈、刚愎自用的女人的恐吓、羞辱和殴打。这个女人有很大的个人魅力,很高的文化修养,以及美丽的容貌。在他的长篇小说《穿裘皮大衣的维纳斯》(*Venus in Furs*)中,他对这种专横控制的个人反应进行了精确细腻的描绘,小说的主人公塞维林成了那位威严而傲慢的旺达的奴隶,就是他自己的写照。在一个值得注

意的段落中,塞维林说:

> 一个女人越容易屈服,男人就越是迅速地控制她,对她作威作福——而如果她对他越残忍,越不忠,越虐待他,越玩弄他,那么,他的欲望就越是兴奋,他就越发爱她,越发急切地寻找她。古往今来,莫不如此,从海伦和黛利拉的时代,到两位凯瑟琳和罗拉·蒙特兹的时代。

利奥波德·冯·萨克-马索克娶了格雷兹的一位年轻的手套制造商劳拉·卢姆林。之前,他跟她有过一段风流韵事,在一个孩子出生时达到了高峰。劳拉·卢姆林采用了《穿裘皮大衣的维纳斯》中女主人公的名字。她扮演了他梦寐以求的角色:一个专横而威严,但可爱而迷人的暴君。这样一个角色并不容易演。两人有很多分歧,最后终于分手。后来,我们的小说家娶了他的秘书赫尔达·梅斯特尔,并安定下来,从此——说来也怪——过上了一个乡村绅士和农村施主的清白无暇、非常体面的生活。他死于1895年,享年79岁。

有一个广为传播的观念,几位论述性变态的作家曾赋予它很重的分量,这就是:受虐狂是女性身上特有的现象;相应地,施虐狂则是男性所独有。有些权威甚至走得更远,以至于断言:在某种程度上,受虐狂是一种与生俱来的女性特征。他们的论点乃是基于女人的主观状态(跟男人的所有权相比较)。第一个论点肯定是错误的,第二个论点我相信被极大地夸大了,因为受虐狂本身对女性来说并不比对男性来说更加自然。我认为，它纯粹是社会的、道德的、在某些情况下还有病理的条件和环境的产物。由于这些条件和环境，在当前的社会和经济体制中，它主要是一种男性特征。

要是能获得真相的话，我完全相信，我们将会发现：男性受虐狂跟女性受虐狂的比例应该是9比1。普通男性的特点是：乐意臣服于一个漂亮女人的统治，并从中获得快感。然而，女性的优势是魅力的优势，妖娆的优势，优雅的优势，美丽的优势，或者用现代流行话说，是性感的优势。它并不是装饰着女性的陷阱、在女性的外表下展示阳刚之气的优势。

◆ 男性受虐狂

几乎用不着怀疑，马索克多半把自己如此详尽描写过的性变态看作一种特有的男性现象。在他所有的作品中，反复讲述了男人被一个美丽而淫荡的女人所奴役。据克拉夫特－埃宾说，在马索克1888年写给一位通信者的一封信的顶端，有一幅画，"画

体罚的病态

的是一个华丽的女人,有着专横傲慢的派头,半披着裘皮大衣,手拿一根马鞭,仿佛准备打人似的"①。这跟他的观念相一致。在他看来,男人几乎普遍有一种"想要扮演奴隶的激情"。克拉夫特-埃宾还给出了很多臣服于女人控制的实例,都是从这位小说家的作品中摘选出来的。

有那么多人认为,跟施虐狂比起来,受虐狂的可能性要小得多,而且更有可能是病态的。之所以有这种想法,其中一个理由是人们很难理解这样一种观念:任何一个人在正常条件下会乐意接受惩罚。不难想象施虐狂施加惩罚——有太多的各种残忍行为的实例,让人没法怀疑施虐狂的存在,但受虐狂完全是另一回事。然而,重要的是要记住:疼痛主要是主观感受——在更大的情绪压力下,疼痛就消失了,而在性兴奋的紧张中,它可能被转变成了快感。就受虐狂的情形而言,它被转变成了极度的性兴奋。在很多宗教鞭笞的实例中,受害者无疑感觉不到痛苦。毋庸置疑,很多的宗教鞭笞,尤其是自我鞭笞,明显起源于受虐狂。忏悔者或殉道者不是屈从于一个女人的专横残暴,而是臣服于上帝的无限权威。

受虐狂现象有时候表现为羞辱的形式,跟残忍毫无关系。污秽的、跟泌尿系统有关的行为,及其他类似的做法,是最常见的

---

① 克拉夫特-埃宾:《性变态》,第189页。

表达方式。另外，这些行为也可能跟恋物癖有关。① 在宗教恋物癖采取隐晦而反常的形式的年代，污秽的做法很常见。据说，以西结吃过人的粪便。克拉夫特－埃宾意味深长地提到，玛丽·阿拉科克曾"舐吃"粪便，并吮吸病人化脓的伤口，为的是"羞辱"自己。安托万内特·布里尼翁·德·拉波特曾把粪便跟食物掺和在一起。② 这些，就像更常见的自残、苦行、各种形式的殉道以及自我否定一样，就其来源而言都毫无疑问是受虐狂的，很少完全脱离某些性的含义，不管是有意识的还是无意识的。

就其更远一些的方面而言，受虐狂有时候是人类天性中一些古怪变态中的重要因素。这些变态多半很难归因于其他任何基本原因，或者不能以其他任何方式得到解释。因此，据斯泰克尔说，偷窃癖的根本原因有时候就是受虐狂。他说：

> 偷窃癖跟受虐狂有一定的关系。这就是为什么某些情感倒错者自动供认子虚乌有的偷窃罪甚或是谋杀罪的原因，这样的事情从其他角度依然无法理解。正是对承受惩罚的渴望，驱使这些个体做出这样的举动。每个人都知道，某些任性的孩子总是故意激起惩罚，因为这样的体验对他们来说是一个快乐之源。父母的愤怒有时候在孩子的身上起到了性刺

---

① 在很多野蛮种族中，在早期的基督教徒中，人们认为尿尿被赋予了魔力。有非常强大的理由支持这样一个假设：最早的"圣水"中就包含了人尿。随着文明的发展，尿已经失去了很多受虐狂的和恋物癖的含义。它在英国一度被很多医学从业者用作治疗多种疾病的特效药。

② 克拉夫特－埃宾：《性变态》，第186页。

体罚的病态

激的作用。[1]

实际上，象征性受虐狂大概是性变态所采取的最常见的形式。这里没有实际的鞭笞或其他惩罚形式，没有实际的或公开的羞辱。相反，受虐狂者通过想象变态行为、阅读关于这些行为的记述、饱览再现它们的图画，从而达到兴奋。克拉夫特－埃宾给出了一些引人注目的实例。[2] 在一个病例中，患者是一个26岁的男人，被受虐狂欲望所困扰，渴望"毫无保留地臣服于"一位情妇的"意志和异想天开的古怪念头"，她将让他执行一些最让人丢脸、最令人厌恶的任务。"在另一个病例中"，一个男人小时候因为在《汤姆叔叔的小屋》（Uncle Tom's Cabin）中读到"鞭笞"而获得了快感，他很喜欢想象自己被一位情妇欺负，用他自己的话说，她"给我套上一辆马车，让我为她架轭拉车，我必须像狗一样跟着她"[3]。

以某种象征性受虐狂的形式愉快地对异性俯首帖耳，仅仅这一事实，就很有可能会发展成积极的受虐狂，并以明确的性变态为结果。对某个异性成员的性欲，一旦跟渴望被自己所喜爱的对象所控制、欺负或"管束"的心理密切联系起来，就是一种很危险的心理状态。毫无疑问，在大多数情况下，它将导致养成受虐狂的习惯。

一直存在鞭笞导致受虐狂发展的可能性。这样的风险在很大

---

[1] 威廉·斯泰克尔：《行为的怪癖》，第一卷第278页。
[2] 克拉夫特－埃宾：《性变态》，第186页。
[3] 克拉夫特－埃宾：《性变态》，第145页。

◆ 让·雅各·卢梭

程度上取决于受罚青少年的年龄和性早熟。随着发育期的到来，以及处在青春期的那些年里，任何形式的体罚都充满了危险的潜在风险和可能性。

卢梭那种自我揭露式的忏悔是意味深长的。在8岁大的时候，他曾遭到朗拜尔西埃小姐的鞭打。在惩罚期间，他体验到了极大的快感。卢梭说：

> 我发现，在受处罚的痛楚乃至耻辱之中，还掺杂着另外一种快感，使得我不但不怎么害怕，反倒希望再尝几回她纤手的责打。只是由于我对她的真挚感情和自己的善良天性，才不去重犯理应再受到她同样处罚的过错。[①]

孩子的这一反应明显被朗拜尔西埃小姐在后来的一次鞭笞中发现了，因为她宣布：不再用这种办法了，这种办法使她太累了。

---

① 让·雅各·卢梭：《忏悔录》（*The Confessions*），1896年，第11页。译者注：这里引用的是黎星先生的译文（人民文学出版社1980年版，第14页）。

体罚的病态 18

在哈维洛克·艾利斯列出的病历当中，有一个病例是这样的：一个男人发现了"他第一次性幻想和性行为"与鞭笞之间的联系。[①] 普菲斯特提出了一个很有意义的案例：一个七八岁大的小姑娘在梦见自己被一个女巫虐待的时候体验到了快感。她还喜欢跟其他孩子（男孩女孩都有）玩一些牵涉到用取火镜烧灼及其他惩罚的游戏，这些游戏全都给她带来了"极大的快感"。[②]

涉及性病理学的文献材料中有大量的病例记录，进一步从中选取更多的实例并没有太大的意义。前面提到的已经足以表明鞭笞孩子的危险，它提供了一种手段，可以激发、刺激或发展现有的性早熟，或者当情欲感还是潜在的而不是实际活跃的时候唤醒这种感觉。

任何形式的体罚，不管是用桦树条施加于孩子，还是用"九尾鞭"施加于成人，都有可能在施加惩罚者或接受鞭笞者的身上诱发施虐狂或受虐狂，我们不能忽视或低估这样的可能性。几年前，当"白奴买卖"的曝光所导致的群情激愤使得有人公开呼吁增加"九尾鞭"的使用时，萧伯纳就注意到了性变态与鞭笞之间的关系。他指出，把白奴贩子在妓院里采用的做法拿来作为一种惩罚，简直是荒谬透顶。萧伯纳提到的这种情况，是一个始终存在而且还会一直存在下去的危险。

这一点千真万确，我不能不觉得，在过去，那些对判决刑罚性的鞭笞或其他形式的体罚负有责任的人，无意中强化了原本处

[①] 哈维洛克·艾利斯：《性心理学研究》（*Studies in the Psychology of Sex*），第三卷，费城，第289页。

[②] 奥斯卡·普菲斯特：《精神分析方法》（*The Psycho-analytic Method*），第162页。

◆ 萧伯纳

在初期阶段的施虐狂和受虐狂，并在相当数量原本完全没有受到玷污的个体身上创造并发展了这样的倾向。在另外一些实例中，冷酷无情——它几乎不可避免地关联或参与了任何形式的体罚——迟早会导致对残忍的培养或增强。这种残忍是人类天性中一个突出的特征，通常在折磨动物和鸟类的行为中找到了发泄的出口。

任何一个研究人类的学者，只要被人道主义原则所激励，并注意到了宗教、教育和刑罚性质的鞭笞所带来的影响和后果——正如本书前面的部分所揭示的那样——都不能不强烈反对继续施行这样一种惩罚形式，它为所有那些不受欢迎的、邪恶的、令人讨厌的东西提供了如此充分的可能性。

第 19 章
对痛苦的恐惧

撇开例外情况不谈,刑罚鞭笞在很大程度上已经从文明世界消失了。它的原始性,赤裸裸的、令人憎恶的残忍,它给生命和肢体带来的风险,都足以让它跟现如今人们所自吹的人道主义不合拍。然而,依然有人认为,就刑事罪犯而言,作为一种矫治手段,作为对其他打算犯下类似罪行的人的一种威慑力量,还没有比它更有效的惩罚形式。鉴于鞭笞并没有被完全废除,当局在某种程度上似乎也持有相同的观点。

数十年来,除了最残忍、最可怕的罪行之外,司法界明显不愿判决这种形式的惩罚,而一般公众则反感这样的惩罚。就鞭打孩子而言,这种反感就尤其明显。然而,直到相当晚近,还出现了一场运动,鼓吹增加"九尾鞭"和桦树条的使用。很多人依然认为,对某些形式的犯罪,鞭笞是唯一合适的惩罚。

观点的冲突导致内政大臣任命了一个调查委员会,旨在发现:现有法律的改革究竟应该沿着怎样的方向,以及增强现有的施加体罚的法律手段是否可取。

任何种类的邪恶,多半都能挖掘出支持它的某个论据,或找出让它继续存在下去的某种借口。让一种习惯做法存在或延续的正当理由，并不在于它拥有某些优点，而在于这些优点胜过它的缺点。或者，它以某种必不可少的、舍此别无选择的形式服务于社会。

任何支持体罚的论据，都不具备这样的性质。它的邪恶，它的缺点，以及它的弊端，正如我们在前面的研究中所看到的那样，都在每一个可能的方面，大大地超过它寥寥无几的优点——而这些所谓的优点，原本就建立在最不靠谱的基础上。

体罚作为一种预防犯罪的手段所拥有的任何价值，其真正的基础，便是它在罪犯——实际的或潜在的——身上逐步灌输的恐惧。诚然，恐惧是一种强有力的威慑力量。在孩子身上，在成人身上，在最原始的种族中，在文明社会的最高层，它都起作用。但恐惧多种多样。对死亡的恐惧，是防止伤害和痛苦的一种必不可少的、有价值的手段。对惹恼父母的恐惧，是孩子身上的一个值得欣赏的特点。对被公共舆论所唾弃的恐惧，以及对失去人身自由或社会地位的恐惧，是预防成人犯错和犯罪的一种强有力的手段。

但是，体罚所引发的恐惧通常并不属于这些种类。它本质上是对肉体痛苦的恐惧。这种恐惧不可避免地跟那种侮辱人格的、蓄意而为的、让人掉价的痛苦联系在一起。跟肉体痛苦相关联且只限于肉体痛苦的恐惧，作为一种惩罚因素，并不具有真正的让人改过自新的力量。因此，体罚的某些优点，对于原始和野蛮种族来说是值得称赞的，而且，当它被用作一种个人复仇手段的时

对痛苦的恐惧 19

◆ 体罚的羞辱对心理的影响相当深远

候,它们提供了强有力的理由,但是,当它被应用于现代国家的任何刑罚制度的时候,这些优点都是站不住脚的。

只能通过对个人痛苦的恐惧来保持善良或道德的个人(不管是孩子还是成人),是一种可怜的动物。他的改过自新,或者他

的良好行为，是以既可怕又可悲的高价买来的。他的生活是一个奴隶的生活。在古罗马时代，鞭笞就因为它与生俱来的贬低人格的作用，而被认为是一种比死刑更可怕的惩罚形式。它所留下的烙印，是那种最卑贱的臣服的标志。数百年来，它的贬低人格的特征并没有消失多少。19世纪著名的司法执行者马修大法官完全可以说："鞭笞是对奴隶的惩罚。"

在皮鞭之下俯首帖耳的狗，是一个这样的对象：它在每一个声称拥有任何人类感觉的人的身上只能唤起最深切的怜悯。它是一个胆颤心惊、垂头丧气的家伙，一旦它被鞭打到了这样一种状态，它从前的精神和勇气就再也不可能恢复。一个孩子或成人，如果他的道德，或者他对法律和秩序的尊敬，也是通过皮鞭灌输给他的，那么情况将完全一样。人们即使提不出其他论点来反对体罚，仅凭这一个理由，废除体罚的理由看上去也就足够清晰而完整。

每当有人建议废除鞭笞，常常就有人抱怨：找不到惩罚孩子的有效手段取而代之。这样的抱怨是站不住脚的。正如沃尔特·帕森斯——他在利兹少年法庭当过3年的主席——所指出的那样，有很多有效的方法，比如停止给孩子零用钱，或者不让他去看电影。①

可能有少数例外情况，鞭笞孩子或成人在当时的环境下确实是最好的惩罚措施，但困难在于如何选择这样的案例。少数法官

---

① 《约克郡晚报》（*Yorkshire Evening News*），1937年8月4日。

和更少的地方法官能够行使这一选择权。乔治·F．斯莱特先生（一位训练愚笨和落后儿童的专家和经验丰富的老师）曾说："体罚的邪恶就在于，当孩子受到惩罚时并没有事先让他认识到它的公正。"① 让任何一个人（不管是孩子还是大人）认识到鞭笞的公正都是一件很困难的事情——即便不是不可能的事情。正相反，在接受惩罚的个体身上（不管他的罪行是何种性质），鞭笞几乎肯定要唤起一种不公正的感觉。

在很多地方，人们表达了这样一种担心：废除鞭笞将会导致犯罪率的上升。任何这样的论点都没有站得住脚的理由。废除对妇女和年轻姑娘的体罚并没有导致女性人口当中犯罪率的上升。如果鞭笞依然是（即使是暂时是）英国刑罚制度不可或缺的组成部分，也应该制定最严格、最苛刻的规章。根据这一规章，在合格的、跟监狱或监狱当局没有任何关系的医学专家及其他专家的严格而充分的监督下，施行这种惩罚。一个最强有力、最令人信服的反对任何形式体罚的论据是：法官或地方法官经过慎重考虑，甚至是宽宏大量地做出的判决，很容易被那些负责实际施行的人转变成残酷的攻击，甚或是让人不由得联想到西班牙宗教裁判所时代的那种野蛮的酷刑。

然而，或迟或早，彻底废除一切形式的体罚是不可避免的。即便就现状而言，英国也只是少数依然流行体罚的文明国家之一。更先进学派的精神病专家、神经科医生和犯罪学家都开始认

---

① 《曼彻斯特卫报》（*Manchester Guardian*），1937 年 8 月 4 日。

◆ 体罚在文明国家必将被彻底废除

识到,环境条件和病理状态是少年犯罪的主要原因。在百分之九十的案例中,少年犯罪的根本责任在于父母。正是因为这个原因,任何试图把矫治和防止少年犯罪的责任转嫁给父母的努力都是白费力气。矫治少年犯罪的未来发展,有望沿着这样一个方向：依照每个孩子的心理和身体状态，根据环境条件，尤其是父母培养的关系加以判断，予以个别对待。

同样，在医学专业人员当中，在犯罪学家当中，在性学专家当中，有一种越来越强烈的感觉：鞭笞成人代表了一个完全错误的改造和救赎的行动路径。更有甚者，它跟我在前面提到的那种糟糕的反社会倾向有着紧密的关联。仅仅这一事实，本身就足以被看作彻底废除鞭笞的理由。

人名、地名、译名索引

A

Adler Alexandra 亚历山大·阿德勒

Adrian 艾德里安

Adriasen Cornelius 科尼利厄斯·阿德里亚森

Aetius 埃提乌斯

Aix-la-Chapelle 艾克斯拉沙佩勒

Alacoque Marie 玛丽·阿拉科克

Albert 阿尔伯特

Albiga 阿尔比

Aldgate 艾德门

Alps 阿尔卑斯

Alsace 阿尔萨斯

Andrews William 威廉·安德鲁斯

Anjou 安茹

Anthony 安东尼

Apuleius 阿普列乌斯

Aquitaine 阿基坦

人名、地名、译名索引

Arevalo Paulino Vicente 鲍里诺·文森特·阿雷瓦洛

Aristotle 亚里斯多德

Arles Cesaire de 塞泽尔·阿尔勒

Arnold Thomas 托马斯·阿诺德

Armstrong Sergeant 萨金特·阿姆斯特朗

Asclepiades 阿斯克雷庇阿德

Aughey John H. 约翰·H.奥热

Augustus 奥古斯都

Aurelian 奥勒良

Aurelianus Caelius 卡留斯·奥雷利亚努斯

Avory 艾沃瑞

B

Bachaumont 巴乔蒙特

Bacher 巴彻

Baker 巴克

Barnard Anne 安妮·伯纳德

Bartholin 巴托林

Bathurst 巴瑟斯特

Bavaria 巴伐利亚

Beaumarchais 博马舍

Beccaria 贝卡里亚

Becket Thomas a 托马斯·贝克特

Belfast 贝尔法斯特

Benedict 本尼迪克特

Benoit 博努阿

Berkley Theresa 特丽莎·伯克利

Bertrand 伯特兰

Billington Helin 赫林·比林顿

Birmingham 伯明翰

Blackburn 布莱克本

Bleackley Horace 霍勒斯·布莱克利

Bloch Iwan 伊万·布洛赫

Bohemia 波希米亚

Boileau Abbe 阿比·鲍里奥

Boswell 博斯韦尔

Bothnia 波的尼亚

Boxall George E. 乔治·E.博克索尔

Bradbury Elizabeth 伊丽莎白·布拉德伯里

Bradford 布雷德福

Bradley Solomon 所罗门·布拉德利

Braga 布拉加

Brantome 布朗托姆

Bridget 布里奇特

Brinsley 布林斯利

Bristol 布里斯托尔

Bruges 布鲁日

Buller 布勒

Bullingham 布林汉姆

Burdett Francis 弗朗西斯·伯德特

Busby 巴斯比

Busiris 布西里斯

C

Cadiere Catherine 凯瑟琳·卡迪耶尔

Cadivec Edith 伊迪丝·卡迪沃克

Cadman Mary 玛丽·卡德曼

Cahet Magdalena 马格达莱纳·卡赫特

Caligula 卡利古拉

Calvas 卡尔瓦斯

Campanella Thomas 托马斯·坎帕内拉

Cannon Walter B. 沃尔特·B.坎农

Canterbury 坎特伯雷

Caracalla 卡拉卡拉

Cardiff 加的夫

Carlyle 卡莱尔

Carmichael Robert 罗伯特·卡迈克尔

Casanova 卡萨诺瓦

Castleman James 詹姆斯·卡斯尔曼

Catherina 卡特琳娜

Catullus 卡图卢斯

Cechald 切哈尔德

Cesarius 凯撒利乌斯

Charles the Bald 秃头查理

Christina 克里斯蒂娜

Chrysippus 克律西波斯

Chulayla Jayme 杰米·丘莱拉

Cicero 西塞罗

Cleethorpes 克利索普

Cluny 克吕尼

Coelius 科利乌斯

Coleridge Samuel Taylor 塞缪尔·泰勒·科勒律治

Collet 科利特

Colmenar 科尔梅纳

Conteri lsabel Madalina 伊莎贝尔·玛达莉娜·科特里

Cooper William M. 威廉·M.库珀

Coote Eyre 艾尔·库特

Cornelisen Roger 罗杰·科内利森

Corvisart 科维萨尔

Craven Cicely M. 西塞利·M.克雷文

Crofton Zachery 扎切里·克罗夫顿

人名、地名、译名索引

D

DamianPeter 彼得·达米安

Damiens 达米安

Dangerfield 丹泽菲尔德

Darcy Francis 弗兰西斯·达西

Dearlove 迪尔拉芙

Defoe Daniel 丹尼尔·笛福

Delhomme 德洛姆

Desargues 德萨格

Dimitri 迪米特里

Domitian 图密善

Downie Thomas 托马斯·唐尼

Du Parcq 杜帕克

Dunn John 约翰·邓恩

Durham 达勒姆

Dymond 戴蒙德

E

Earle Alice Morse 艾丽丝·莫尔斯·厄尔

Ecclesfield 埃克尔斯菲尔德

Edinburgh 爱丁堡

Elizabeth 伊丽莎白

Elliott James 詹姆斯·埃利奥特

Ellis Havelock　哈维洛克·艾利斯

Elvira　埃尔维拉

Encolpius　恩科尔皮乌斯

Erasmus　伊拉兹马斯

Escudero Maria　玛丽亚·埃斯库德罗

Ethelred　埃塞尔雷德

Eton　伊顿

Eudoxia　欧多克西亚

Ezekiel　以西结

F

Fearon　费伦

Féré Charles　查尔斯·费里

Ferraby　费拉比

Ferréol　费雷奥尔

Festus　非斯都

Floyde Edward　爱德华·弗洛伊德

Foote　福特

Foulques　福尔克

Fournier　傅尼耶

France Jeanne de　让娜·德·弗兰西

Freud Sigmund　西格蒙德·弗洛伊德

Fructuosus　弗卢托苏斯

人名、地名、译名索引

G

Galen　盖伦

Gardner James　詹姆斯·加德纳

Gardner John　约翰·加德纳

Gaulbertus　高尔伯图斯

Genton　根顿

Gerson John　约翰·格尔森

GersonPeter　彼得·格尔森

Giles Edward　爱德华·吉尔斯

Girard John Baptist　约翰·巴普蒂斯特·吉拉德

Giton　吉顿

Gladstone Herbert　赫伯特·格莱斯顿

Godescal　戈德塞尔

Goncourt　龚古尔

Goring George　乔治·戈林

Gott　戈特

Grant George Samuel　乔治·塞缪尔·格兰特

Gratz　格雷兹

Guainerius　瓜内里乌斯

Gualbert　加尔伯特

Guise　吉斯

H

Hacket 哈克特

Hadrien Cornelius 科尼利厄斯·哈德里恩

Haig Alexander 亚历山大·黑格

Halifax 哈利法克斯

Hall Marshall 马歇尔·霍尔

Hall William Clarke 威廉·克拉克·霍尔

Hanover 汉诺威

Hardwigge 哈德维格

Hawkey 霍基

Hawkins Thomas 托马斯·霍金斯

Haynes George 乔治·海恩斯

Heliogabalus 黑利阿加巴卢斯

HenryO. 欧·亨利

Henry Richard 理查德·亨利

Herefordshire 赫里福德郡

Herodotus 希罗多德

Hesychius 赫希西乌斯

Hilarion 希拉里翁

Hildegarde 希尔德加德

Hogarth 荷加斯

Holly Springs 霍利斯普林斯

人名、地名、译名索引

Homer 荷马

Horace 贺拉斯

Horsey Jeremy 杰里米·霍西

I

Innocent 英诺森

Inverness 因弗内斯

Ives George 乔治·艾夫斯

J

Jack the Ripper 开膛手杰克

Jeffreys 杰弗里斯

Jennings Al 阿尔·詹宁斯

Jephson Joseph 约瑟夫·杰夫森

Jerome 杰罗姆

Jerusalem 耶路撒冷

Johnson Samuel 塞缪尔·约翰逊

Junius 朱尼厄斯

Juvenal 尤维纳利斯

K

Keller Rosa 罗莎·凯勒

Kiernan 基尔南

Kisch Heinrich　海因里希·基什

Krafft　Ebing　克拉夫特－埃宾

Kyteler Alice　艾丽丝·凯特勒

L

La Motte　拉莫特

Laage　拉格

Lambercier　朗拜尔西埃

Lapuchin　拉普钦

Launceston　朗塞斯顿

Lawes　劳斯

Lazare　拉扎尔

Lea Henry Charles　亨利·查尔斯·李

Leeds　利兹

Legat　勒加特

Leicester　莱斯特

Liguori　力古利

Limeuil　里米尤尔

Lindsay Sophia　索菲亚·林赛

Lisbon　里斯本

Liverpool　利物浦

Llorente　洛伦特

Locke　洛克

人名、地名、译名索引

Longimanus Artaxerxes 亚达薛西·朗吉孟纳斯

Loricatus Dominic 多明我·洛瑞卡图

Lorraine 洛林

Loyola lgnatius 依纳爵·罗耀拉

Lucian 卢西恩

Ludlow 勒德洛

Lyra Nicholas 尼古拉斯·莱拉

M

Mabillon 马比容

Macarius 玛喀里

Macartney Wilfred 威尔弗雷德·麦卡特尼

MacDonald James 詹姆斯·麦克唐纳

Mackenzie Compton 康普顿·麦肯齐

Macquarie 麦夸里

Madrid 马德里

Magdalena Maria 玛丽亚·马格达莱纳

Maintenon 曼特农

Manchester 曼彻斯特

Mancini Leonard 伦纳德·曼西尼

Maple 梅普尔

Marchant 马钱特

Marietta 玛丽埃塔

Marlatt lra 艾拉·马莱特

Marquino Francisco 弗朗西斯科·马奎诺

Marseilles 马赛

Martial 马提雅尔

Maxentius 马克森提乌斯

Mayenne 马耶讷

McChuskey Warder 沃德·麦克丘斯基

McKay James 詹姆斯·麦凯

Medici Catherine de 凯瑟琳·德·美第奇

Meibomius John Henry 约翰·亨利·梅博米乌斯

Meister Hulda 赫尔达·梅斯特尔

Melbourne 墨尔本

Menny Jean de 让·德·门尼

Mercusialis 墨库西亚利斯

Messalina 梅萨莉娜

Middlesex 米德尔塞克斯

Miles James 詹姆斯·迈尔斯

Millingen 密林根

Mina 迈娜

Missriegler 米斯里格勒

Mohammed 穆罕默德

Moll Albert 阿尔伯特·莫尔

Montez Lola 罗拉·蒙特兹

Morisca　莫里斯卡

Mozonius　莫佐尼乌斯

Musa Antonius　安东尼乌斯·穆萨

N

Napier Charles J.　查尔斯·J. 纳皮尔

Natal　纳塔尔

Nero　尼禄

New South Wales　新南威尔士

Newcastle　纽卡斯尔

Newell　纽厄尔

Nietzsche Friedrich　弗里德里希·尼采

Nordhoft　诺德霍夫特

North　诺斯

Nottingham　诺丁汉

Novalis　诺瓦利斯

Nunan　纽南

O

Oates Titus　泰特斯·奥茨

Oenothea　奥诺西亚

OlivaresPaul　保罗·奥利瓦雷斯

Ollioules　奥利奥斯

Ontario 安大略

Oribasius 奥利巴苏斯

Orme Gilbert 吉尔伯特·奥姆

Ossat 奥萨

Ovid 奥维德

P

Pacificus 巴济斐谷

Pacome 佩科姆

Paduanus 帕多瓦努斯

Page Leo 利奥·佩奇

Palet 帕勒特

Pardulph 帕杜尔夫

Parr 帕尔

Parsons Walter 沃尔特·帕森斯

Pasquotank 帕斯库塔布克

Paterson George 乔治·帕特森

Pazzi 帕齐

Pennoyer Frances 弗兰西斯·彭诺耶

Percy Reuben 鲁本·珀西

Percy Sholto 肖尔托·珀西

Peregrinus 柏尔格利纳斯

Perron Du 杜·佩隆

人名、地名、译名索引

Petreus 彼得乌斯

Petronius 佩特罗尼乌斯

Pfister Oskar 奥斯卡·普菲斯特

Philips Robert 罗伯特·菲利普斯

Picus 皮库斯

Pixerecourt 皮塞雷古

Plautus 普劳图斯

Pliny 普林尼

Plutarch 普卢塔克

Plymouth 普利茅斯

Pontoise 蓬图瓦兹

Portalier 普塔利尔

Porte Antoinette Bourignon de la 安托万内特·布里尼翁·德·拉波特

Porter William Sidney 威廉·西德尼·波特

Portsmouth 朴茨茅斯

Potter Sarah 莎拉·波特

Pouchkine 普希金

Powell 鲍威尔

Priapus 普里阿普斯

Q

Quintilian 昆提良

R

Rabelais　拉伯雷

Rais Gilles de　吉尔·德·莱斯

Ramier　拉米尔

Ramsgate　莱姆斯盖特

Rants　兰兹

Raymond　雷蒙德

Regnard　雷格纳德

Revelliere-Lepeaux　雷韦耶尔-勒波

Rhases　雷西斯

Rheinhardt　莱因哈特

Rhodesia　罗得西亚

Richards Brinsley　布林斯利·理查兹

Richards Wesley　韦斯利·理查兹

Richardson Emma　埃玛·理查森

Richter　里希特

Ridley　里德利

Rigby　里格比

Romilly Samuel　塞缪尔·罗米利

Romnald　罗姆纳德

Rose　罗斯

Rousseau Jean Jacques　让·雅各·卢梭

Rudolph　鲁道夫

Ruger　鲁格

Rugby　拉格比

Rümelin Laura　劳拉·卢姆林

Russell Charles Edward　查尔斯·爱德华·拉塞尔

S

Sacher-Masoch Leopold von　利奥波德·冯·萨克-马索克

Sade Donatien Alphonse François de　唐纳蒂安·阿尔丰斯·弗朗索瓦·德·萨德

Salford　索尔福德

Salt Henry S.　亨利·S.索尔特

Sancho　桑乔

Sandlands Paul E.　保罗·E.桑德兰兹

Saunders　桑德斯

Schrenck-Notzing　施伦克-诺津

Schlichtegroll　席利希特格洛尔

Scott George Ryley　乔治·莱利·斯科特

Scott Roger　罗杰·斯科特

Seely Fred L.　弗里德·L.西利

Selkirk　希尔克

Selwyn George　乔治·塞尔温

Seneca　塞涅卡

Severin 塞维林

Servius 塞维乌斯

Seymour Francis 弗兰西斯·西摩

Shaw Bernard 萧伯纳

Shaw Ellen 埃伦·肖

Sheffield 谢菲尔德

Shepherd 谢泼德

Shipp John 约翰·希普

Shaw Bernard 萧伯纳

Shrewsbury 什鲁斯伯里

Simons Albert Henry 阿尔伯特·亨利·西蒙斯

Simpson Farrier 法里尔·辛普森

Sitwell Sacheverell 萨谢弗雷尔·西特韦尔

Sleight George F. 乔治·F.斯莱特

Smat Benjamin 本杰明·斯马特

Smith David 戴维·史密斯

Somerville Alexander 亚历山大·萨默维尔

Souther Simon 西蒙·索瑟

Southey 骚塞

Spira 斯彼拉

Spurgin 斯珀金

St. Francis of Assisi 圣五伤方济各

Staughton 斯托顿

人名、地名、译名索引

Stekel Wilhelm 威廉·斯泰克尔
Strasbourg 斯特拉斯堡
Suetonius 苏维托尼乌斯
Suidas 苏达斯
Superanus 萨珀阿努斯
Sylla 昔拉

T

Taylor John 约翰·泰勒
Terance 泰伦斯
Tertullian 特士良
Tiberius 台比留
Titus 提图斯
Toulon 土伦
Toulouse 图卢兹
Turin 都灵
Tuscany 托斯卡纳
Tutchin 塔特钦
Tytler 泰特勒

U

Udall 尤德尔
Udalric 乌达尔里克

Upton Thomas 托马斯·厄普顿

Uzès 于泽

V

Valencia 巴伦西亚

Valescus 瓦勒斯库斯

Van Diemen's Land 范迪门地

Vacher 瓦彻

Vatsyayana 筏蹉衍那

Vecki Victor G. 维克多·G.维基

Vincent 文森特

Virgil 维吉尔

Voltaire 伏尔泰

W

Wall Joseph 约瑟夫·沃尔

Wallasey 沃拉西

Walpole Horace 霍勒斯·沃尔浦尔

Wanda 旺达

Ward Ned 内德·沃德

Warrington 沃灵顿

Waterford 沃特福德

Westminster 威斯敏斯特

人名、地名、译名索引

Westphal Johann Christoph 约翰·克里斯托弗·韦斯特法尔

White Frederick 弗雷德里克·怀特

Wigan 威根

Wilson Eleanor 埃莉诺·威尔逊

Winchester 温彻斯特

Windsor 温莎

Winterton 温特顿

Woodstock 伍德斯托克

Worcester 伍斯特

Wulffen Erich 埃里希·伍尔芬

Y

Yepes 耶佩斯

Z

Zarathustra 查拉图斯特拉

"摆渡书虫"书目

书名	作者	定价
决斗	(英)约翰·基甸·米林根	38元
从马拉松到滑铁卢——15场世界经典战役	(英)爱德华·克雷西	38元
图腾与禁忌	(奥)弗洛伊德	36元
隐修者	(澳)巴里·斯通	36元
秦始皇:如何改变中国	常常	36元
曾国藩:如何改变人生	常常	32元
体罚与人性	(英)乔治·莱利·斯科特	36元
19-20:世纪之交的中国	(美)E.A.罗斯	36元

图书在版编目(CIP)数据

体罚与人性 /（英）斯科特著；秦传安译．
—北京：中央编译出版社，2016.6
ISBN 978-7-5117-3004-6

Ⅰ. ①体… Ⅱ. ①斯… ②秦… Ⅲ. ①教育－惩罚－研究－西方国家
Ⅳ. ① G44

中国版本图书馆 CIP 数据核字 (2016) 第 094512 号

体罚与人性

出 版 人：	葛海彦
出版统筹：	董　巍
责任编辑：	曲建文
责任印制：	尹　珺
出版发行：	中央编译出版社
地　　址：	北京西城区车公庄大街乙 5 号鸿儒大厦 B 座 (100044)
电　　话：	(010) 52612345（总编室）　　(010) 52612370（编辑室）
	(010) 52612316（发行部）　　(010) 52612317（网络销售）
	(010) 52612346（馆配部）　　(010) 55626985（读者服务部）
传　　真：	(010) 66515838
经　　销：	全国新华书店
印　　刷：	北京中兴印刷有限公司
开　　本：	880 毫米 ×1230 毫米　1/32
字　　数：	193 千字
印　　张：	9.5
版　　次：	2016 年 6 月第 1 版第 1 次印刷
定　　价：	36.00 元
网　　址：	www.cctphome.com　　邮　箱：cctp@cctphome.com
新浪微博：	@ 中央编译出版社　　微　信：中央编译出版社（ID：cctphome）
淘宝店铺：	中央编译出版社直销店 (http://shop108367160.taobao.com) (010)52612349

本社常年法律顾问：北京嘉润律师事务所律师　李敬伟　问小牛
凡有印装质量问题，本社负责调换，电话：010-55626985